中华先贤人物故事汇

荀子

高新华 著

中华书局

图书在版编目（CIP）数据

荀子/高新华著. —北京：中华书局，2024.10
（中华先贤人物故事汇）
ISBN 978-7-101-16552-4

Ⅰ.荀… Ⅱ.高… Ⅲ.荀况（前313～前238）-生平事迹
Ⅳ.B222.6

中国国家版本馆 CIP 数据核字（2024）第 030237 号

书　名	荀　子	
著　者	高新华	
丛书名	中华先贤人物故事汇	
责任编辑	傅　可　董邦冠	
封面设计	王铭基	
责任印制	管　斌	
出版发行	中华书局	
	（北京市丰台区太平桥西里 38 号　100073）	
	http://www.zhbc.com.cn	
	E-mail:zhbc@zhbc.com.cn	
印　刷	三河市宏达印刷有限公司	
版　次	2024 年 10 月第 1 版	
	2024 年 10 月第 1 次印刷	
规　格	开本/787×1092 毫米　1/32	
	印张 4¾　插页 2　字数 50 千字	
印　数	1-8000 册	
国际书号	ISBN 978-7-101-16552-4	
定　价	22.00 元	

出 版 说 明

　　孔子周游列国，创立儒家学说；张骞出使西域，开辟丝绸之路；书圣王羲之，留下了曲水流觞的佳话；诗仙李白，写下了"举头望明月，低头思故乡"的名篇；王安石为纠正时弊，推行变法；李时珍广集博采，躬亲实践，编撰医药学名著《本草纲目》……

　　这些杰出的历史人物，有的是在中华民族文明进程中做出过突出贡献、对后世产生过巨大影响的思想家、政治家，有的是对中华优秀传统文化的传承传播发挥过重大作用的文学家、艺术家、科学家，有的是为国家安定统一、民族融合团结和中外文化交流做出过杰出贡献的军事家、外交家……他们为中华民族的繁荣发展做出了伟大的贡献，他们的行为事迹、风范品格为当世楷模，并垂范后世。

他们是中华民族的先贤人物。他们的思想、品德、事迹，是中华优秀传统文化的结晶；他们的故事，是对中华民族的禀赋、特点和气质最生动、最鲜活的阐释；他们的名字，在五千年中华文明史上最为光彩夺目；他们为五千年中华文明史书写了最为光辉灿烂的篇章。

为了解先贤，走近先贤，我们精心组织编写了这套《中华先贤人物故事汇》丛书，以翔实可靠的史料为依据，细腻动人的故事为载体，真实地呈现中华先贤人物的事迹、品格和精神风貌，彰显他们的贡献和功绩，激发人们对国家民族的热爱，对中华文明、中华优秀传统文化的崇敬。

开卷有益，期待这套丛书成为你的良师益友。

目 录

导　读

　　荀子既是晚周著名的儒学大师，也是战国诸子的集大成者，他不仅在中国古代思想史上有着极为重要的地位，对秦汉以后的政治制度与文化也影响至巨。谭嗣同曾指出："二千年来之学，荀学也。"梁启超更是评价说："二千年政治，既皆出荀子矣；而所谓学术者……实皆出于荀子。"荀子对中国思想文化的影响是极其深远而重大的，从某种程度上讲，要超过孟子。

　　然而关于荀子的生平事迹，史籍记载却并不多。《史记》只说他是赵人，曾游学于齐之稷下学宫，三为祭酒；后因谗去齐，被春申君聘为兰陵令；春申君死后，荀子便在兰陵著书授徒，最后终老于兰陵。就《荀子》书中以及《战国策》《韩诗外传》《盐铁论》《汉书》《风俗通义》等书记载，也仅知道他曾到过秦国，见过秦相范雎，并与秦昭襄王谈论儒者之功效，还曾在赵国孝成王面前与临武君讨论过军事问题。他对《诗经》《春秋》《礼》《乐》等六经的传承应该做出过较大贡献，其弟子有韩非、李斯、浮丘伯以及张苍等。

然而上述事迹的细节基本上无从考证。即便荀子的生卒年，历来也是众说纷纭，莫衷一是，至于上述事迹发生的时间节点，许多学问大家也各有高见，此不赘述。参酌诸家意见，本书将荀子生卒年定在约公元前314至公元前219年，其事迹排列可大致不误。

荀子以思想见长，其生平经历并不似战国纵横之士或游侠刺客那样富于传奇色彩。本书以可靠的史料为依据，并把人物、事件置于战国晚期的时代大背景之下，尽量为读者还原一个血肉丰满、可亲可感的儒学大师形象。

游学稷下

柳吐鹅黄，宛如千万条金线随风轻拂着系水（济水支流，是古齐都以北的重要河流）的水面；粉红的桃花瓣儿顺流漂荡，三五只野鸭出没嬉戏，嘎嘎欢叫。

岸上的一株参天银杏才要吐芽，在晨曦中显出无限生机。树下，数百人围坐着，正在倾听一位老先生侃侃而谈。只见此老者身长八尺，须发皆白，戴着一顶高耸而上下均平的白冠，面如淡金却略带红晕，真可谓鹤发童颜！

老人家声若洪钟，朗声而谈："诸位，今日钘愿为诸位略谈一谈'别宥'之理。有一人家，庭中有一株巨大的梧桐树枯死了，邻居见了，劝他道：

'家中有一棵枯树，似有不祥，不如伐去为妙。'他听了觉得极有道理，便把枯树砍掉了。邻居见他砍倒了这棵大树，便笑着同他商量道：'阿兄，可否把这树的枯枝败叶分我少许？嘻嘻，用来引火做饭一定很好。'此人闻言大怒，气哼哼地道：'你用心何其险恶！劝我伐树，原来是为了向我讨柴！哼！像你这样的人，如何做得邻居！'诸君请想：讨柴与不讨，和枯树之应否存留并非必然相关，此人疑心邻居，实在是因其心中有所蔽宥。这正如有一齐国人，十分渴望得到许多金子，一大早醒来，穿好衣冠，便急匆匆赶往一家卖金子的店铺，见有人手中拿着一块金子，劈手便夺了，结果自然是被官吏抓住绑了。审问时，官长问他：'大庭广众，你公然抢夺他人金子，所为何故？'此人答道：'小人实在未曾看见人，只看见金子了。'"众人听了，莫不哈哈大笑。

老者接着讲道："这真真是蔽宥到极点了！人若被蔽宥，便会以白为黑，以昼为夜，以尧为桀！故而，认识天下万物，当自'别宥'始。所谓'别宥'，就是要去除蔽宥，辨清真相……"老者侃侃而谈。

此刻，众人正听得入神，并未留意外围来了一位年轻人。此人青帕罩头，一身青衣，麻鞋白袜，身背行囊，脚下还放着两只书箧，身后不远处蹲着个年龄略大一点、手中牵着两匹马的小伙子，似是仆人打扮。二人满面风尘，似乎刚刚走了很长的一段路。这位青衣后生名为荀况。

荀况此时（前300）年方十五，乃赵国邯郸人氏，祖上是晋国大夫荀林父，如今家道虽远不如前，但仍有良田数十顷，还算富足。荀况自幼聪敏，深得父母疼爱，为他延聘名师，加上荀况勤奋好学，数年之间，可说已是满腹经纶。这一日，师父把荀况唤至面前，满心喜欢地打量着这位爱徒，许久，方叹了口气，道："况儿，为师不能再教你了。"

荀况闻言吃惊非小，吓得赶忙跪倒在地，道："恩师在上，若弟子做错了什么，任打任罚，全凭先生，请您千万不要生气！"师父笑着把他搀起来，道："况儿并没有做错什么，相反，是你做得太好了。为师所能传授给你的，都已倾囊相授，你该另投名师了。"顿了一顿，师父说道："你小小年纪，便已对《诗》《书》等经典烂熟于心，且已对百家之学略知其要，将来成就不可限量。天下学问，百端蜂出，你须博采众长，熔于一炉，终会成为一代宗师。眼下列国都十分重视人才，而齐国有稷下学宫，大师云集，是你今后学习的最好去处。你明日便可禀明你父亲，去稷下游学。为师也该离开了。"荀况恭敬地拱手道："弟子谨遵师命！"

就这样，荀况稍事准备之后，辞别了父母和师父，仅带了一名书童，便第一次离开家门，赶奔东方的学问圣地——稷下学宫。二人晓行夜宿，一路奔波。今日刚交五更，荀况便叫起书童赶路，结果来至齐都稷门时，天刚放亮，恰碰上这位老先生在演讲，荀况便驻足听了起来。

"欲认清天下万物之本相，必须以'别宥'为始。东方的墨者谢子去见秦惠王，惠王问秦之墨者唐姑果，谢子是个什么样的人，唐姑果怕惠王亲近谢子而疏远自己，便回答说：'谢子是东方有名的辩士，其为人阴险，他极可能要逞其说辞，取悦太子。'惠王便暗含着怒气接待了谢子，谢子之言自

荀子带着一个书童前往稷下学宫

然没有被听进去，只得辞别而去。听别人之言目的在于求善，若谢子所言确是好的，就算他取悦太子又如何呢？若其言不善，即便他不取悦太子又有何益？如惠王这般，就算天天会见宾客，也只会徒劳无功。故而'别宥'之术，当有所去，亦当有所取，分辨明晰，知己知彼。"

荀况闻言，不禁频频点头，心中已然猜到，此老者定是师父对自己提到的宋钘先生了。待宋钘先生讲授略有停顿时，荀况远远地冲老先生拱手施礼，朗声道："敢问先生：'见侮不辱'可与您所说的'别宥'相关？是否也有明辨之义呢？"

众人齐齐回头，目光聚集到这位年轻人身上，见此人是个仅有十五六岁的少年，莫不讶然。此时，宋钘也看清了发问的是个小小少年，众人坐着他站着，仍然很不起眼，但他的发问却令宋钘很是吃惊，想不到他竟领会到了自己学说的内在联系，足见他是在用心思考了。想到这儿，老先生手捻须髯，点头微笑道："小友所言不差。若有人想侮辱你，侮辱之意在彼；然而反躬自问，无愧于心，则何辱之有？这就是老朽常讲的'见侮不辱'之意，能明辨彼此，也就'见侮不辱'了。"

说话间，有人来请众人去用餐，原来已近巳时。

宋钘先生命弟子来请荀况，荀况来到宋钘先生面前，赶忙重新顿首施礼。宋钘先生还礼问道："敢问小友贵姓高名？从何而来？"荀况忙答："弟子荀况，乃赵国邯郸人，久慕稷下学宫诸先生夙德高名，特来访师问学。"宋钘道："既如此，且请小友与我一起用餐。然后我为小友引荐学宫的祭酒慎到先生，你看如何？"荀况称谢不已。

用罢早饭，宋钘先生便带领荀况前往拜见慎到先生。一路上，荀况边走边仔细观察学宫的殿宇屋舍，只见学宫坐落于临淄宫城西门——稷门南侧，沿系水东岸南行，是一片极为宽敞开阔之地，中部一排排殿堂极其宏伟气派，大概是平时论学讲课之用；两侧屋舍约是居住之所，北侧者较为高敞疏朗，应该是师长的居所，南侧者虽说窄小，却并不显拥挤，且极整齐，想来应该是弟子们的住处了。所有房舍似不下数千间，无怪师父说稷下学士足有千余人了，真乃人文荟萃、学术圣殿啊！

荀况正暗自感叹，不觉间已随宋钘先生来至北侧一座高门前。宋钘先生敲门问道："慎祭酒可在吗？"门开处，一位须发斑白的老者笑吟吟地迎了出来，连连拱手相让，道："原来是宋先生，快屋里请！"宋先生并没有立刻进去，而是转身指着荀况道："我给祭酒先生带来一位青年才俊，也是贵同乡——荀况小友。"

　　慎到这才注意到宋钘身后跟了一位少年。只见此人身高尚不足七尺，浓眉大眼，阔口鹰鼻，看上去虽不过十五六岁，但那双黑亮的眼睛透射出锐利的精光，仿佛能穿透人的身体，连年已半百、阅人无数的慎到先生也感到有点不敢逼视，不禁心中暗暗称奇！

　　荀况赶忙进前一步，躬身施礼道："后学拜见先生！"慎到先生还礼道："果然是后生可畏啊！二位快请屋里说话！"

　　三人进屋分宾主而坐。慎到开门见山道："小友此来，莫不是欲访学交友？"荀况欠身答道："回禀先生，弟子听闻稷下大师云集，特来拜师广学，还望先生多多赐教。"慎到笑道："赐教如何敢当！

不知小友所读何书？所治何学？"荀况再次欠身答道："《诗》《书》《礼》《乐》《易》《春秋》诸经典，晚生皆已熟读，百家之学亦略有涉猎。"慎到听了，微笑着点头，道："既如此，小友自家所主，为哪家之学呢？"荀况又欠身答道："晚生以为天下学问皆统于道而务于治，虽百家并作，而皆有所长，亦有所蔽，故治学当博采众长而不主一家。"

慎、宋二人闻言，相视而笑，不约而同地点了点头。慎到抚掌笑道："好个博采众长而不主一家！小友果然气象不凡。既然你对百家之学均精研有加，可曾听说过鄙人的'任法而不尚贤'之说？你又如何评价？"

听了慎到此问，宋钘不禁暗自替荀况担心，他知道，慎到的这一说法在当下引起了不少争论，固有赞同者，而批评的声音也不小，自己也有不同见解，比如若"不尚贤"，你慎到先生便不知将何以自处了，岂能还坐在这高门大屋之下著书立说？唉！想不到甫一见面，慎到便拿出这样一个问题来难为这么一个刚刚入世的孩子，且听他如何回答吧。

只见荀况微微一笑，欠身拱手，答道："恕晚生直言，'任法'与'不尚贤'实一以贯之，众人皆拆开来看，自然便难明其奥。"慎到一听此言，身子禁不住扶案前倾，道："愿闻其详！"

荀况依然十分恭敬地道："据晚生之见，先生所谓'任法'，其意乃在避免君王以心为断。凡事以法为据，庆赏刑罚一断于法，则君逸乎上，臣勉于下，上下相和而达于无为矣。是任法即立公而杜私也。先生所谓'不尚贤'，非不用贤，实乃用众而尊君也。用众，即用众人之所长，使贤愚各尽所能；尊君则不可尊贤，尊贤则是贤与君争矣，如此则其乱当甚于无君。故众人当统一于君王，万事应一断于律法，唯其如此，方可真正达于无为之治道。晚生臆度，不知可曾略得先生本意之万一？"

慎到先生听罢，不禁为之避席而起，仰天而叹道："荀生之言，不啻自我心中所出。后生可畏！后生可畏啊！"接着，慎到冲荀况道："如荀况先生这样年轻有为之大材来到稷下，实学宫之幸、齐国之幸也！我当立刻向齐王荐举先生！"

齐王闻听稷下学宫来了一位赵国神童，马上在王宫召见了荀况。

见面之后，齐王便问荀况："小先生远来敝国，不知对寡人有何见教？"

荀况躬身答道："去岁齐军率韩、魏伐楚而有垂沙之胜，今者楚以太子、秦以泾阳君，皆送于齐国为质。可以说韩、魏听命，秦、楚输诚，大王已隐然有称雄天下之象。当今天下扰乱，但统一大势已然露出端倪，大王宜乘此霸业将成之机，对内则隆礼尊法，对外则兴义兵以除暴安民，所谓仁者有征而无战，百姓必归之如流水。如此，何患天下不统一？何愁王道不复兴呢！"

齐王闻言，心里乐不可支，想不到这小孩儿这样会讲话！他哈哈笑道："荀小先生言之有理！寡人今封你为稷下学宫之大夫，希望你在学宫与列位先生好好研讨学问，并能为我治国安民出谋划策。你看如何？"

荀况赶忙施礼道："多谢大王！况定不负大王厚望！"一切出乎意料地顺利，就这样，荀况便在稷下学宫住了下来。

稷下学宫自桓公田午设立至今，已历四代齐王，有七十余年了，尤其是先君齐宣王及今王，对列国游士尊崇有加，为之修建高门大屋，皆封之为列大夫，俸禄优厚却不必治事，每日授徒讲学、高谈阔论，指点江山、批评时政，自由自在、无拘无束。于是列国贤士纷至沓来，学宫聚集了不下千人，名闻天下者据说就有七十六人，如淳于髡、环渊、接子、孟轲、彭蒙、宋钘、尹文、田骈、慎到等著名大师更是极一时之盛。如今淳于髡、孟轲、彭蒙等前些年已经过世了，但接子、宋钘、尹文、田骈、慎到等先生依然健在，荀况便日夜向他们求教，求知若渴，废寝忘食。

服膺儒术

　　时间过得飞快，倏忽间已经过了六个春秋。此间荀况仅回过几次家，加了冠礼，大多数时间都住在稷下。如今荀况也收了十余名弟子了，大弟子是齐国人，名陈嚣，恰好小荀子六岁，也是荀子初来稷下时志于学之龄，他勤谨好学，造次必止于礼义，颇有乃师之风。其他弟子也仅小陈嚣一二岁，众人日日读经，偶或演习礼乐，在稷下诸学派之中，人数虽不多，而风气颇为独特，很是引人注目。

　　一日，荀子正在为弟子们讲解《书·洪范》中"无有作好，遵王之道；无有作恶，遵王之路"一句，道："君子定当疏于求利，方可早早地远离祸患；又要怯于躲避侮辱，勇于遵行大道。君子贫穷时能志存高远，是因为宅心仁厚，存有博施广济之心；富贵时能形体恭谨，是因为对权势之威有所收敛；安处闲居时能不至怠惰，是由于不骄逸；劳动疲倦时能容貌不愁苦，是因为好礼义。不因不高兴而过于苛罚，也不因心情好而额外奖赏，这是能以公胜私。《书》中的这句话就是说君子能够做到以公义胜私欲。"

正讲说之间，忽听外面一阵喧哗，似乎发生了什么大事，吵嚷之声不绝于耳。荀子便停了下来，命陈嚣出去看看。

"了不得了！了不得了！"不大一会儿，就见连平时泰山崩于前而面不改色的陈嚣都有些惊慌失措，边往回跑边喊着。

荀子拦住他道："何事惊慌？慢慢讲来。"

陈嚣这才气喘吁吁地道："师父，大王……大王遭田甲劫持！匡章将军正命触子等，率军围……围攻田甲！未知事将如何。"

众人莫不大吃一惊，荀子急命陈嚣："你速速再去探查！我等马上就来！"接着命众弟子分头去通知学宫的诸位先生，请各自组织弟子，带上武器，去稷门声援齐王。

这稷门本是宫城之西门，离学宫近在咫尺。等诸人来至稷门，只见城门上嘈杂喧嚷，有人探头往下看，发现城下已被学宫的弟子们执剑仗棍，围了个水泄不通，便吵嚷着往南去了。荀子暗道不好！大概是劫持齐王的田甲等人见势不妙想逃脱，宫城东门、北门是被大城包围着的，而西门、南门直通城外，他们见西门人多，当是往南门去了。

念及此，荀子大呼道："诸位！叛贼想是要从南门逃走，北半部诸君请留下，南半部诸君请随我来！"众人听了都觉得有理，便有数百人跟着荀子奔往南门而去。

宫城南部有东西两个门，荀子带人到达西南门时，听城上的声音，似乎叛贼还在西南拐角处。荀子对身边的陈嚣道："你速去东南门东侧，若有百姓游人，便招集了去东南门围堵叛贼！"陈嚣领命去了。

叛贼见西南门已被围困，只得往东南门去。由城下往上看，隐约可以看到叛贼的背影，他们人数并不多，至多不足百人，熙熙攘攘，已无在稷门时大吵大嚷的劲头，大约是碰了两次钉子，走路也没有先时快了。

陈嚣果然招来不少人。因大城南门就在东边不远处，其地东临淄水、南望群山，平时游人如织，在陈嚣的呼吁下，纷纷前来助阵。

很快，贼人见大势已去，便向匡章将军投降了。

这次田甲劫王事件虽然被迅速平息了，但齐国上层并没有立刻恢复平静。因田甲平时与相邦田文过从较密，本来齐王即位时对专权已久的靖郭君、孟尝君父子就心怀不满，已有"国人知有相邦田文，不知有齐王"的流言不时传到齐王的耳中，故而此次事件，齐王自然怀疑孟尝君田文是幕后的主使。孟尝君固然备感无辜，却也无可奈何，只得向齐王交出相印，托言身体欠安，回封地薛邑去了。

田文罢相之后，齐王在即位之后的第七个年头（前294），才算真正掌握了齐国的大权。对于这次事件的平息，稷下学宫的先生弟子们发挥了不小作用，齐王厚加赏赐，更多贤能辩士来到稷下，学宫日渐热闹。

荀子讲授学问以《诗》《书》《礼》《乐》《易》《春秋》等为主，长于比喻，对弟子循循善诱，声名日盛，前来拜师求学者日渐增多。

这日风和气清，荀子在学宫前面的银杏树下给弟子们讲解《诗经》，引来不少围坐旁听者，直围了数百人。荀子讲得精彩，众人也听得津津有味。

当讲至《曹风·鸤鸠》一篇，荀子道："为人处世，与学问无异，须专心一意，才能有所成就。积土可以成山，便会兴起风雨；积水可以成渊，便会引来蛟龙；积善能够成就德行，自然会获得神明，具备圣德。故若不一步一步积累，便不能抵达千里之外；不积聚一条条的小溪流，便无法成就大江大海。即便是千里马，一跃之间也不过十步之距；就算是劣马，奔跑不止，千里易至。锲刻但半途而废，就是朽木也难折断；锲刻而一直坚持，就算金石也能刻穿。蚯蚓并无坚牙利爪、强韧筋骨，却能够上食埃土，下饮黄泉，关键在其用心专注；螃蟹有六条腿和两只巨螯，却只能寄居于蛇或鳝鱼的洞穴之中，问题就在于其用心浮躁。所以，不能在背后专心致志努力的人，在学业上便不会有显著的成绩；不能在默默无闻之中坚持不懈的人，便不会成就显赫的功业。走上歧途便不会抵达目的地，侍奉两个君主便不会为双方所容。眼睛不能同时看清楚两个物体，耳朵也无法同时听明白两种声音。腾蛇没有脚却能够飞，梧鼠有五种技能却最终被捕杀。《鸤鸠》中，'鸤鸠在桑，其子七兮。淑人君子，其仪一兮。其仪一兮，心如结兮。'对我等的启示，便是君子应结于一，即用心专一也。"

此时，西北角传来一个声音，道："相传瓠巴鼓瑟，引得河流中的鱼儿跃出水面；伯牙鼓琴，吸引同槽吃草的六匹马仰首倾听。先生所言，弟子听了如饮甘醇，受益良多。然则敢问先生：学问当由何而始？又当终于何处？"

荀子循声看时，见发问者乃是一个十一二岁的孩童，浓眉大眼，虎头虎脑，甚是惹人喜爱，便笑道："学问之道无他，其途径当由诵读《诗》《书》等经典开始，而终止于读《礼》；其意义则始于为士人，而终止于成为圣人。认真积累，时间久了自会深入，活到老，便当学到老，死而后已。所以说学习途径是有终点的，学习的意义却不可以须臾离身。致力于此，便是人；须臾离身，就流于禽兽。君子之学，耳闻目视，皆能停留于内心，广布于四肢，举手投足，周旋动静，皆能为世人所效法。"

说到这里，荀子扫视了一下众人，目光落到发问的童子身上。童子站起，躬身道："先生之言，真如金玉，弟子谨记。"

当时讲完，众人散去，荀子命一位弟子去叫来那位童子。童子来至荀子身边，再次施礼，道："弟子王孙贾，刚识得几个字，久闻先生盛名，听说今日讲《诗》，冒昧前来听讲，今后还请先生多加教诲。"

荀子见这孩子年纪虽小，但谈吐不俗，从"王孙贾"的姓氏，可知其出身于齐国王族，荀子打心眼儿里喜欢这个孩子，便道："你若有时间，便可常来。"

王孙贾道："多谢先生抬爱！弟子能得先生教诲，实为幸事。不知先生肯否收弟子于门下？"

荀子笑道："当年孔子有教无类，能得你这样的弟子，何尝不是我之幸事？"

就这样，荀子又收下了一名得意小弟子。

王孙贾拜得荀子为师

这日午间，荀子正在书斋内读书，忽闻隔壁弟子们一阵喊喊喳喳、窸窸窣窣的躁动，似乎在悄悄地往外走。荀子便提高了嗓音道："汝等不好好读书，意欲何往？"为首的陈嚣吓得一吐舌头，赶紧招呼师弟们退了回去。

"陈嚣，你们过来。"陈嚣听师父叫自己，只得硬着头皮，带领众师弟来见荀子。

荀子盯着他们，问："你们刚才所为何事？"

陈嚣不敢隐瞒，只好说道："师父还不知道吗？前几日学宫来了一位田巴先生，在狙丘一带设了论坛，十分善辩，毁五帝，罪三王，贬五霸，离坚白，合同异，无人能辩得过他，十分了得。弟子们想趁午间无事，前去看看热闹，也长长见识，不想惊扰了师父，请师父责罚。"

荀子听了，微微一笑，道："原来如此。你们可知道，君子行事不贵苟难，其辩说不贵苟察，其名声不贵苟传，一切皆以切合礼义为贵。当今之世，利口辩说盛行，诸如'山与渊相平、天与地齐等、齐与秦相合、山有口、钩有须、卵有毛'等等，都是难以持论的，但惠施、邓析能曲为之说，然而君子并不看重，是因为这些辩说皆不合乎礼义。盗跖凶恶贪暴，但其名声如同日月，与舜、禹一样流传不息，然而君子也不看重，因为其行为不合乎礼义。《诗》说：'左之左之，君子宜之；右之右之，君子有之。'就是讲君子能以礼义屈伸应变啊。"

顿了一顿，荀子接着道："事物多有所偏，唯道无偏。万物为道之一偏，一物又为万物之一偏，愚者又为一物之一偏。就如今之学者，人人自以为知'道'，但实无所知。比如墨子主张兼爱、尚同，是有见于齐，而无见于不齐；老子以柔弱胜刚强，是有见于屈，而无见于伸也。圣人体道，所以能不偏不倚，合乎礼义之中。你等学习，就要以古圣先贤为楷模，与当今圣贤为师友，日夜沉潜于圣贤传下的经典之中，真积力久，由士而成君子，由君子而终成圣人，所谓'蓬生麻中，不扶而直'；万不可与险恶贪暴之小人为伍，更要警惕那些谗谄利口之徒、伪诈乡愿之辈，所谓'白沙在涅，与之俱黑'，不可不防啊！不积跬步无以至千里，不积小流无以成江海，学道之人，当至于没世而后已。"

陈嚣等垂手恭听，齐声道："弟子谨记师命！"

荀子点点头，眼露精光，道："你们去读书吧。至于田巴这等辩口之人，不必理他。我料不出十日，必有人杜其利口，使不复言！"

连日来，田巴真是锋芒毕露，出尽了风头，有人夸张说，他在狙丘，日服千人，莫说稷下，就是整个临淄，乃至齐国上下，似乎也无人能辩得过他，几乎可以说是辩遍天下无对手了！

转眼至第七天，田巴先生一大早用过早餐，兴冲冲来至狙丘的高台上，命几名弟子设好几案，再次准备"日服千人"了。他乐呵呵地正准备入席，就见一个小孩儿气昂昂地来到台下，看样子这孩子也就十几岁，头顶两个总角，眉目清秀但稚气未脱，然而举手投足之间却透着一股威严却又不失温雅的成人气质，活脱一个小大人儿，很是喜人。

只见小孩儿冲台上的田巴拱手施礼，朗声问道："请问足下可是田巴先生吗？"

此时台下的人疏疏落落的，田巴早已注意到这个气度不凡的孩子，见他问自己，便也冲他抱拳一笑，道："正是在下。不知小友有何见教？"

小孩儿微微一笑，道："先生为何不请我台上说话？"

田巴闻言一乐，呵呵笑道："小友请！"说着用手指着对面宾客的席位，示意小孩儿坐下。

小孩儿并未客气，登台入席。此时台下来看热闹的人渐渐多起来，见今日登台与田巴先生辩论的居然是位总角小儿，那副小大人儿的模样着实令人好笑，人们交头接耳，议论纷纷。有知道这小孩儿底细的人悄声说道："你们不认识这孩子吧？告诉你，这孩子叫鲁仲连，是徐劫先生的得意弟子，虽说才十二岁，可他读的书比你我加起来都多！更了不起的是这孩子见识过人、见解独到，对任何事都能拿出一番堂堂正正的见解来，任谁听了都得佩服！故而，徐劫先生特别赏识这个小弟子，称他是'千里驹'！"

"是吗？没想到这小孩儿这么了不起！"旁边的人惊讶道。

"看来，这位田巴先生说不定遇到劲敌了呢，瞧好吧！"另一位点点头，示意同伴看台上。

这时，只见鲁仲连未等田巴说话，便开口说道："连日来先生所谈论者，无非坚白同异之类，有之不为多，无之不为少。我听说堂上未扫除，便不急于到郊外除草；敌人一刀砍来之时，是不会有工夫躲避乱箭的，这便是'急不暇缓'之义。当今形势，列国趁我刚刚发生内乱之机，楚军屯于南阳，虎视眈眈，赵国已发兵高唐，而燕军十万人更是围困聊城有些时日了。可以说当下正是国家存亡危急之秋，先生可有何良策？若无对策，那么先生之言，便如同猫头鹰的叫声一般，走到哪里都会惹人讨厌。故而，我劝先生还是莫要再多说了吧。"

鲁仲连侃侃而谈，一席话说完，田巴听了，竟半晌无言，只得叹道："巴敬闻命矣！"台下顿时响起了掌声，诸人莫不为鲁仲连喝彩。

此事很快便在临淄城传开了，陈嚣听说之后，便急匆匆跑来向师父禀报。陈嚣详细地讲说了一遍鲁仲连辩折田巴的经过，最后道："听说田巴离开了齐国，临走前得知这个小孩儿叫鲁仲连，乃学宫徐劫先生的弟子，便来学宫见了徐劫先生，说道：'此子真乃飞兔神驹，何止是"千里马"？先生有弟子如此，何其幸也！巴甘拜下风，从此不复言矣。'"

听陈嚣讲得绘声绘色，特别是摇头晃脑地学田巴说话的样子，荀子也禁不住笑出了声。

陈嚣又问道："师父，您是如何料到不出十日定会有人使田巴杜口不言的呢？"

荀子微微一笑，道："像田巴这样的人，徒逞口舌之利，古往今来并不少，如子产时的邓析，前些年才去世的惠施，当今则有兒说与公孙龙。然而邓、惠、兒、公孙等人，在坚白同异之外，犹能有治国安民之术，虽未必合乎圣贤之道，终是有用的。独这田巴，摇唇鼓舌，以白为黑，以高为下，志在诡辩，专欲胜人。全无半点圣贤之道，岂能长久？学宫诸先生碍于身份，多不与其计较，故所谓日胜千人，也不过徒有虚名而已。今仲连以正道诘之，他自然无言以对了。你今后治学为人，必谨记要走正道。正道者，古圣先贤之道，孔子、子弓之道也。为师也算对百家之学略有涉猎，与诸子大师也多有交往，据我看来，它嚣、魏牟纵情任性；陈仲、史䲠忍情索居；墨翟及咱们的宋钘先生则过于实用、崇尚俭约，却不顾上下等级，不合礼义；咱们的田骈、慎到先生，则尊尚法治而实不知法之由来，推崇道术而漫无归宿，不能经国安邦；至于惠施、邓析之流，更是不法先王，不赞成礼义，好玩奇词，治怪说，实则小辩而无用，多事而少功；就是子思、孟轲之儒，也实是心高志大，闻见博杂，引经据典，造为新说，叫作什么'五行'，但根本无法施之实事，迂阔而无用，徒然让后人怀疑孔子、子弓之学而已。孔子、子弓之学，方是合乎圣贤经典的大道，儒术之正宗，倡仁义，修礼乐，行王道，禁杀伐，君君臣臣、父父子子，温良中正，天下宾服。吾辈当从者，孔子、子弓之道也！"

去齐适楚

　　近来真是多事之秋。田甲劫王之后，孟尝君田文惧祸回了薛邑，虽然表面上他与齐王之间并未撕破脸皮，但双方心中早已存了芥蒂。田文在薛邑住了一段时间，眼看再任齐相已然无望，便一怒之下去了魏国。魏王久闻孟尝君大名，立刻委任为相邦。从此，田文以魏国为依托，勾结赵国的大将韩徐为，时时准备攻打齐国进行报复。

　　田文任魏相之后没多久，秦国的吕礼因受魏冉排挤，跑到了魏国。倒霉的是，吕礼是主张秦、齐联合的，田文自然也容他不下，吕礼便狼狈地逃到了齐国。

　　大约在吕礼逃至齐国的同时，燕国也向齐国派出了使臣。燕国的使臣名叫苏秦，他对齐王说，燕王派自己来的目的主要是向齐国表示诚心，只要齐王信得过燕国，燕国愿举国追随齐国；为表诚意，知道齐国有意攻打宋国，燕国愿派三万精兵，自带粮草，为齐军之先锋。

齐王闻言大喜过望。原本齐王很担心在进攻南方的宋国时，燕国会从背后偷袭自己，如果燕国真愿追随自己，不仅没了后顾之忧，还增加了攻宋的力量，更重要的是，有三万燕军在自己手里捏着，还怕燕国不顺从吗？苏秦本是个口若悬河的纵横之士，直说得齐王眉开眼笑，立刻设宴款待来使，最后觉得还不够，便也与燕王一样，封苏秦为武安君。

得知吕礼也来了齐国，苏秦赶紧向齐王建议，任命吕礼为相邦。苏秦的理由是，吕礼虽被排挤出秦国，但其心仍在秦，他之所以来齐国，一个重要原因是他主张秦、齐联合；眼下秦国的目标是进攻韩、魏，齐国的目标是攻占宋国，两国都担心对方会牵制自己，若任吕礼为相，则齐、秦联合之势必成，也就消除了各自的后顾之忧，岂不两全其美？

齐王闻言大喜，立刻请来吕礼，拜为相邦。于是，齐国便开始积极准备进攻宋国了。

这些事情，荀子自然都听说了。

这一日，秋风送爽，荀子带领众弟子到系水边散心。凉风吹过，枯黄的柳叶纷纷扬扬，有的飘落于河面上，有的飘落在路边的枯草上，又一阵风吹来，落叶便翻卷着往远处飞走了。一队飞鸿从头顶飞过，鸣叫着，渐行渐远。荀子眼望着已经快要看不见的飞鸿，似是对身边的弟子，又像是喃喃自语道："从此齐国再无宁日，怕是列国皆无宁日了！列国皆以邻为壑，诈伪公行，生民涂炭何时休！明年飞鸿回来时，不知还能否认出那面目全非的家乡吗？"

果然，前几年孟尝君在任齐相时，率领韩、魏对抗秦国，一度攻入函谷关，逼得秦人几乎不敢东觑；而自吕礼相齐，秦国没了后顾之忧，放心大胆地对韩、魏展开了攻势。

魏冉举荐了一位年轻人白起任将军，领兵进攻韩国的新城（今河南伊川县）。第二年，白起为主将，在伊阙大败韩、魏联军，斩杀二十四万人，

荀子与弟子们到系水边散心

韩、魏联军几乎全军覆没，魏将公孙喜被擒。白起一战成名，韩、魏闻风丧胆。两年之后，白起又一举攻下魏国大小六十一城，秦军东进的道路打开了。

与此同时，齐国积极筹备伐宋。齐王本就好大喜功，耽于享乐，为灭宋之战更是横征暴敛，这下可苦了齐国百姓。齐国东临大海，因有鱼盐之利，自古富足，而此时不少家庭或因强行征兵，或因增收赋税，家破人亡、妻离子散者比比皆是，真是哀鸿遍野，惨不忍睹。

齐湣王十三年（前288），正当齐国准备大举进攻宋国时，秦王因这些年进攻韩、魏、赵等三晋夺得不少土地，野心急剧膨胀，称王已不能满足其雄心，于是乎产生了称帝的念头。魏冉劝秦王在已经占领的韩国宜阳召见韩王、魏王，准备称帝。魏冉又向秦王建议，为避免列国反对，可拉齐王一起称帝，秦为西帝，齐为东帝，秦、齐两大强国同时称帝，想来其他国家便无人敢反对了。秦王很赞同这个主意，连连称妙，便在积极筹措称帝大典的同时，派魏冉赴齐国致帝于齐王。

本就好大喜功、虚荣心极强的齐湣王听了满心欢喜，欣然接受了东帝的称号。但是苏秦识破了魏冉的计谋，他劝齐王去除东帝称号，如此，列国当然会顺服齐国而反对秦国，帝号只是虚名，将来一统天下，何愁帝号不立呢？见齐王除去帝号，秦王怕成众矢之的，也只得去掉了帝号。于是齐、秦之间产生裂痕，齐国的第一次攻宋之战也因准备不足及楚、魏等国的反对而失败。

齐湣王十四年（前287），齐王听从苏秦之计，一面大张旗鼓地联合韩、魏、燕、赵等国合纵攻秦，一面暗地里积极准备第二次伐宋。就在五国联合攻秦的同时，这边齐军主力已悄然发动了第二次攻宋的战争。然而，赵、魏等国早已识破齐国的诡计，列国各怀鬼胎，故而攻秦联军阻滞于荥阳一带，迟迟不能往前推进。在列国的相互掣肘之下，攻秦没有多少收获，伐宋也只得草草收场。

两次伐宋失利，令齐王万分恼火。于是齐王命秦王的好友韩珉为相，想再次联合秦国以确保伐宋时不被掣肘。他命韩珉尽力积聚全国之力，寻找机会第三次伐宋。连年征战之下，早已是民不堪命，如今又欲举全国之力三度伐宋，百姓苦不堪言。

临淄城之外不远处住着一位叫狐援的隐士，见国将不国，便冒死来见齐王，进言道："大王可知道，殷商的钟鼎陈列于周人的庭堂之上，神社被周人用庐棚掩盖，商人的战舞之音已流落民间成为取乐之声。这是因为亡国之音不得入宗庙，亡国之社不得见天日，亡国之器必陈设在庭堂，大王务必引以为戒啊。千万别让齐国的大吕之钟陈设于他国之庭，不要让太公之社被庐棚所掩，也不要让齐国的音乐成为别国取乐之声啊！"齐王听了极不高兴，没有理睬狐援。

狐援出来之后为国哭了三日三夜，边哭边唱道："先逃亡的，尚能穿常服，晚了只会入囹圄。我仿佛看见，百姓纷纷东逃，不知哪里才能安居！"

齐湣王闻听，怒不可遏，问掌刑的官吏道："哭国者该当何罪？"官吏回答："当腰斩！"齐王便命人将狐援腰斩，以儆效尤。

又有王室成员陈举，也犯颜直谏，齐王将他斩首于东闾门外的广场上。如此一来，国人噤若寒蝉，再无人敢说话了。

于是齐湣王日夜饮酒寻欢，左拥燕姬，右抱秦女，歌舞宴乐，通宵达旦。他身边有个弄臣叫公玉丹，专会谄媚，而齐湣王对他崇信有加，认为再没有比公玉丹更忠心的臣子了。

见此情景，荀子感到不能再在齐国待下去了，一是因为齐王的昏庸无道、狂妄自大，使得齐国上下怨声载道、离心离德；二是怕过不了多久，齐国便有亡国之虞，届时生民涂炭，不知要有多少无辜生灵死于非命。念及此，荀子决定再尽最后一次努力。他知道齐湣王现在是不可能听得进任何谏言了，所以想试试相邦能否听从劝谏。

这一天，荀子命陈嚣前往相邦府邸送上自己的名帖，并表示希望明日前往拜见。相邦韩珉早就听说过这位年轻的稷下先生，自己也很想多结交一些这样名闻天下的贤士，便很高兴地答应了。

第二天一早，荀子沐浴更衣，前往相邦府。韩珉亲自到府门迎接，很热情地接待了荀子。

寒暄几句之后，荀子便问道："听闻相邦正准备攻打宋国之事，不知打算何时进军？"

韩珉道："不瞒先生，天已渐寒，大王打算来春气候转暖，便发动第三次伐宋。"

荀子道："连年征战，民不堪命，相邦为何不劝阻大王呢？"

韩珉微微一笑，道："先生岂有不知？当今天下，齐、秦最强，今者二强联合，其意欲中分天下，前者两国称帝已可见矣。桀宋逆天而行，实已为我大齐囊中之物，只是楚、魏等垂涎阻挠，故迟迟不能攻取。今二强联合之意，正是各取所需，有何不可？"

荀子摇了摇头，眼中精光暴射，盯着韩珉道："相邦可知，征战攻伐，绝不能顺服天下民心，岂能长久？！"

略略平息了一下内心的激动，荀子接着道："身处胜人之势位，能行胜人之大道，天下无人不服者，是商汤、周武也；身处胜人之势位，不能行胜人之大道，徒有天下，最终求为匹夫而不可得者，是夏桀、殷纣也。可见胜人之势是远远不如胜人之道的，今相邦处乎胜人之势，自当行胜人之道，如此，则天下宾服，何愁不能得宋国呢？相邦上能得主上之心，下可专制一国之事，可以说已高居胜人之势位，何不推行胜人之大道，遍求仁厚明通之君子，荐举于大王，与他们一起参议国政，辨明是非？若能如此，则举国上下，自大王至庶民，谁敢不守礼义？礼义大行，天下归心矣，贤士愿处于相邦之朝，能士愿为相邦之官，工商庶民皆愿为齐国之臣民，这岂不是一统天下吗？相邦不行胜人之道，却一味杀伐，难道不是助纣为虐吗？当今的齐国，女主乱于宫，奸臣乱于朝，贪吏乱于官，百姓也纷纷以贪夺诈伪为事，如此治国，岂能长久？"

韩珉不觉赧颜，干笑着道："先生言重了吧？齐国即便不及当年桓公称霸之时，也算是当今强国吧？"

荀子正色道："这真是高坐薪柴之上，却不知火已燃于身下。相邦试想，当今之势，巨楚雄踞于前，大燕窥伺于后，劲魏旁视于右，我西部疆土形势也不乐观，楚国的襄贲、开阳二城虎视我们的左面。倘若有一国来伐，则此三国必会乘机蚕食齐国，齐国必会被分裂，整个国家就如借居他人之地，结果岂不为天下所笑吗？"

韩珉道："多谢先生赐教！然而以齐国现今所处之情势，恐怕不易有所做为啊。"

荀子道："相邦所言差矣。桀、纣亦为圣王之子孙，世代有天下，为万国之宗主，然而一朝之间，天下纷纷背桀、纣而归汤、武，究是何故？桀、纣何所失，何所恶？汤、武何所得，何所善？其实只在于桀、纣所为，皆是令人厌恶之事，而汤、武所为，都是人们喜好之事罢了。人之所厌恶者，无非污秽、贪婪、争夺之事；人之所喜好者，无非礼义、辞让、忠信之事。当世之君王，都自比汤、武，但其所做，无异于桀、纣，却欲求汤、武之功名，如何可能呢？攻伐占取，必得人心而后可；得人心者，必得道；道谓何？亦无非礼义、辞让、忠信也。当今之攻伐占取，伪诈勾结以交结盟国，污秽贪婪以争土地，如此之悖谬，岂能成就汤、武之功名？"

韩珉用衣袖抹了一下额头，道："先生所言，固然不错，我当勉力而行。"

荀子望着门外有些阴霾的天空，似乎是对韩

珉、更像是在自言自语，道："治理国家，爱民则能安国，好士则能兴国，二者无一，恐怕离亡国就不远了！"

言罢，荀子转过头，十分恭敬地冲韩珉深施一礼，道："况多有叨扰，言语不当之处，还望相邦海涵。况告退！"

从韩珉的府上回来，荀子心中很不自在。从韩珉的反应言谈看，他根本无法领会自己谏言的深意，更不会做出任何改变。

站在初来稷下听宋钘先生讲"别宥"的银杏树下，荀子心中无限感慨。他已命陈嚣收拾行囊，明天就要离开这里了。离开这居住了十五年的地方，离开这思想自由成长的沃土、学问培育发展的天堂，岂能不令人神伤？这是我荀况真正成熟的地方，寻师会友，讨论学问，研读文章，想来何等惬意，也曾诗酒张狂！可挥手从此而去，归宿竟在何乡？银杏树上最后一片黄叶飘落到荀子脚下，他的眼泪夺眶而出！

次日，天刚蒙蒙亮，荀子便起来，命陈嚣等愿意跟随自己的十来个弟子把收拾好的行李放在一辆栈车上，自己坐上另一辆墨车，径往南方的楚国而去。

回首稷下，遥望系水，此时，天空飘下来第一片雪花……

楚国是当今第一大国。这个"大"仅是指面积而言，若论国力，楚国不但比不了秦国，甚至连齐国、赵国也不及。然而自春秋末年以来，楚国已不是蛮夷之国，特别是周景王的庶长子王子朝把周的大量典籍带到楚国之后，楚人的文化学识已渐有压倒中原诸国之势。后来老聃归隐于沛，楚国的黄老思想也蓬勃兴起。不仅先师孔子曾对楚有过特殊的迷恋，而且稷下的诸先生中，彭蒙、田骈、慎到、环渊等等，就有多位或是楚人，或深受楚地思想学说之影响。而今，楚虽国力大不如前，然而体量巨大，藏龙卧虎，自不可小觑。这也是荀子想到楚国碰碰运气的原因，至少，也可以增长见识。

楚国的情形，至少表面看来比齐国要好得多。齐国就如荀子离开时的天空一样，沉云密布，阴冷无比。而郢都的人物风貌，与齐、赵又自不同。虽前些年曾与秦、齐及韩、魏等国屡次争战，但经过近几年的休养生息，已是一番物阜民丰的景象，街市上人物往来，马咽车阗，好不热闹。楚国在怀王时期被秦国坑骗得好苦，数次战争又皆以失败告终，连怀王都死于秦国，故而国力损伤不小。顷襄王即位后，任命其弟子兰执掌令尹的大权，对秦政策以隐忍苟安为主，虽然屈辱，却也换得了暂时的平静。五六年前，在秦国的战争威胁之下，楚王与有着杀父之仇的秦国再次讲和，而且楚王竟娶秦女为王后，这在楚国人看来简直是奇耻大辱。尤其是屈原先生，他在怀王时就主张与齐合纵抗秦，对子兰及上官大夫等人的卖国求荣行径深表不满，如今对楚、秦媾合更是深以为耻。这自然引起子兰、上官等人的嫉恨，子兰便命上官大夫向楚王屡进谗言，楚王听信了他们，一怒之下，便把屈原流放到江南去了。

荀子在稷下时便久闻屈原先生的大名，可惜的是屈原数次出使齐国都在自己游学稷下之前，故无缘谋面，本以为这次到楚国后能见到这位德高望重、学识广博的先生，谁知先生已然被流放江南了。

既然见不到屈原，荀子便想直接朝见楚顷襄王，哪知此时楚王远在章华台，身边围着唐勒、宋玉、景差等文人骚客，整日寻欢游乐，根本不可能接见荀子。荀子无奈，只得先到驿馆住下。

驿馆的伙计十分热情，把荀子一行让至里面既僻静又干净的一处院落。荀子叫住伙计，向他打听一些情况。得知因令尹子兰、司马子椒、上官大夫等人屡进谗言，屈原先生被流放江南已经数载。江南人烟稀少，榛莽丛生，不仅道路难通，而且瘴气疾疫严重，屈原先生孤苦伶仃，真是凶多吉少！荀子师徒不免感愤，但也无可奈何。

陈嚣愤然道："敢问当朝之中，竟无一个正直之士了吗?!"

伙计叹道："今王不明，群小当道，正直之士真是少之又少，但亦非一个也无。若说文，则有庄辛、王子歇等。王子歇也是今王之弟，因封地在黄，也被称作黄歇，其人能言善辩又正直敢言，虽然年轻，但大王对他十分倚重。若说武，则有昭雎、庄蹻。庄蹻将军原为大盗，号称"今之盗跖"，然而只打抱不平，并不欺压良民，侠义素著，故大王即位之初，招以为将军，率军攻打巴、蜀、黔中，所向披靡，从未败北。"

荀子闻言，点头称善，道："听小哥说来，这位黄歇口碑甚好，不知性情学问如何？"

伙计道："学问小人不懂，要说性情，王子歇可是最好的！"接着拱手道："各位暂且休息，有什么需要的，只管朝前边喊一声，小人立刻就来。"说着退了出去。

重返稷下

荀子休息了几日之后，便前往拜会了黄歇。

黄歇德名素著，然而看上去很是年轻，大约与荀子年龄相仿，生得粉面微髯，剑眉星目，声如银铃，言谈举止极有少年老成的气象。一番交谈，二人颇有相见恨晚之感。黄歇贵为王弟，门下有数百门客，只是尚比不得孟尝君那样门客三千。

黄歇得知荀子乃稷下学宫的先生，学问淹博，德高望重，不敢像一般门客那样对待，而是将其奉若上宾，敬为师长。荀子依托黄歇门下，照旧授徒讲学，时时得以与黄歇谈论，讲说礼义，论以大道，黄歇也多能虚心听受。

荀子在黄歇处住得很是平静，而这期间列国却

荀子初见黄歇

经历了生死存亡的博弈争斗。

荀子离开齐国后，许多老先生见齐王执迷不悟，也纷纷离去，接子、慎子不知去了哪里，田骈据说去薛邑投靠了孟尝君，徐劫和弟子鲁仲连则去了赵国。

荀子离开后不满一年（前286），齐国便发动了对宋国的第三次战争。原来，宋国的太子在奸臣唐鞅的挑拨下被迫叛离宋康王，逃亡国外，齐王便趁宋国内乱发动了第三次伐宋之战。宋国军民皆对太子充满同情而痛恨国君，军无斗志，在齐军大举进攻之下很快溃败，齐国一举攻下了宋国，宋康王逃至魏国的温地，病饿而亡，宋国就这样亡了国。

宋国亡后，宋人尚且未有复国之志，列国却先站出来抱不平了。早在宋国危急但尚未被攻灭之时，秦昭襄王就先急了，说："宋国是我最爱的友邦，就像我爱新城、阳晋一样！韩珉和我是最好的朋友，却带兵攻宋，这是为何？"赵国的奉阳君李兑也站出来谴责齐国。然而齐军既已发起攻击，岂肯半途而废？于是一面允许秦攻取魏的安邑，一面又许诺奉阳君攻下宋之后把陶邑送给他作为养邑。

外部阻力缓解的同时，齐军一路势如破竹，很快就吞灭了宋国。但愤愤然的秦王还是在齐灭宋的第二年便派将军蒙骜率军攻下了齐国的河东九城，秦王还先后与楚王在宛城、与赵王在中阳进行会晤，准备联合进攻齐国。

经过苏秦、乐毅等人的密谋，以赵、燕为核心，联合秦、韩、魏，五国联军共伐齐国。戏剧性的结果发生了，五国联军如齐国进攻宋国一样，势如破竹，很快便在济西击败齐军，又在临淄近郊的秦周击溃了齐国大将达子率军组建的防线，占领临淄。齐湣王被迫逃亡，先是到了卫、邹、鲁等国，三国国君无法忍受齐王的傲慢，把他逐离了自己的国家。齐王最后到了莒，并派使者到楚国求救。

楚顷襄王召集文武众臣来商议是否应该出兵救齐。时任令尹昭雎等反对救齐，理由是救齐即与秦、赵等五国为敌；左徒黄歇与将军淖齿等主张救齐，理由是齐亡之后，秦国独大，列国包括楚国必然成为秦国吞并的对象，为避免与列国冲突，可保住齐之一隅，不使灭国便有与列国对抗的力量，且扶危济困、救亡继绝亦是美名，何乐而不为呢？谁知争论了一天，也没有得出个结果。

黄歇回府之后，便来请教荀子。黄歇大致说了一下朝中争论的情况，然后问："请教先生，明日早朝，恐怕大王还会征询臣下的意见，不知我该如何应对？"

荀子道："明日上朝，君不必强争，只陈说道义、利害，请大王裁度可也。"

黄歇道："敢问道义、利害谓何？"

荀子答道："道义者，存亡继绝、生民之命之所在也。齐王虽不道，齐国百姓何辜？听说现在四国之军已回国，唯燕军仍在进攻齐国未下之城，所到之处，齐国珍宝、妇女被掳掠回燕国，百姓惨遭杀戮，城邑残破，村庄毁灭。我之救齐，非救齐王也，乃救齐民也。利害者，上则有恩于齐王，下得齐民之心，以楚之大，兼有齐国之富强，则不惧秦矣，何况犹能收复淮北之地，此为利；所谓害，不过担心有忤秦、赵而已，实则秦等早已退兵，唯燕军尚在，而其志在复仇，故烧杀抢掠，大失齐民之心。故出兵无一害而有百利，不出兵则坐失良机，齐为燕灭，是西秦尚强，又生东秦也。"

黄歇闻言，心中大喜，起身对荀子深施一礼，道："先生一席话，歇茅塞顿开。请先生早点休息，歇改日再来请教。"

次日早朝，黄歇照荀子所教，陈说道义，详析利害，楚王一下被打动了，决定派淖齿领兵前往莒城助齐。

可惜的是，淖齿其人刚愎轻躁，不堪大任。他到达莒城，拜见齐王，齐王喜出望外，立刻拜淖齿为相邦。起初淖齿对齐王还像对楚王一般，遵行君臣之礼，但后来淖齿发现齐仅剩即墨与莒两座孤城，而且二城相距遥远，所以齐国形同亡国，他便对齐王不甚尊重了。

可是齐湣王虽几近成亡国之君，却仍不失臭架子，他遍历卫、邹、鲁等国而不被接纳，就是因为对这些小国君主颐指气使、仆隶视之造成的。据说齐王初逃至卫时，他曾问佞臣公玉丹："寡人已逃亡在外，然而一直不明白我何至于此，你一定要直言不讳，告诉我原因，我当改过自新。"公玉丹答道："臣以为大王已经知道了，难道大王还不明白吗？大王之所以被迫逃亡，是因为您太贤明了。天下列国皆昏君，嫉妒大王之贤，故而合兵来攻，这就是您流亡在外的原因啊！"齐王听了，竟仰天而叹道："为贤之难，一至于此乎！"他又问公玉丹："那么我究竟是什么样的君主呢？"公玉丹回答："大王您是贤主啊！臣听说古人有辞去天下而毫无怨恨之色者，臣以前只是听说，如今在大王您的身上臣才算是亲眼看到了。大王号称'东帝'，实际上已平治天下，如今逃亡至卫国，容貌颜色如常，丝毫不见有舍不得国家之意，岂不是'去天下而无恨色'吗？"齐王大笑道："丹所言甚是。你太了解寡人了，寡人心宽体胖，自离开临淄，腰带都松了三次了。"

就这样一个君王，岂有不亡国之理！但他虽只剩两座孤城，犹以为君临天下，与刚愎轻躁的淖齿相处，二人间龃龉难合，嫌隙渐深。终于，淖齿难以忍受齐王的傲慢骄横，于是他心一横，打算除掉齐王，与燕人平分齐地。手握重兵的淖齿下令把齐王捆起来，数说其罪状道："千乘、博昌之间，方圆数百里之内，天降血雨，沾湿了人们的衣服，此事王可知晓？"齐王答："寡人知晓。"淖齿问："嬴、博之间，大地开裂，深及黄泉，此事王可知晓？"王答："寡人知晓。""有人在宫门前哭，寻找不见其人，离开后却又听到哭声不止，此事王可知晓？""知晓！"淖齿怒道："天降血雨，是天降警示；地裂及泉，是地出警示；有人哭于宫门，是人在警示。天、地、人都来警告，王还不知戒惧，臣当代天行诛！"于是在鼓里之地剥皮抽筋，极其残忍地杀死了齐王，并谥之曰"潴"。

荀子听说之后，深致痛悼，对众弟子道："国家，乃是天下最有力的工具；国君，处于天下最有利的地位。得道以持此位，便会大安大荣，是成就美德之源；无道而在位，反倒会极度危险，有此势位还不如没有，发展到不可收拾，想成为普通百姓都不能够了，宋献王（即宋康王）、齐潴王便是如此啊。所以据有国家最有利之地位，若提倡礼义，便可称王；若树立信誉，则可称霸；若玩弄权术，则必定灭亡。"

"以权谋治国，不务礼义，不顾信誉，唯求功利，内则诈其百姓以求小利，外则诈其盟国以求大利。如此，臣下百姓莫不以诈心待其君上，是上下相诈，离心离德。如此，则敌国必轻视它，盟国必怀疑它，权谋诡诈日行其是而国家不免陷于危亡之境。齐湣王、孟尝君便是如此，他们拥有强齐，不用以修礼义，行仁政，最终一统天下，而是对内实行权谋欺诈，对外则务征战攻伐。所以当其强盛时，南足以破楚，西足以屈秦，北足以败燕，中足以灭宋；然而当燕、赵兴兵进攻时，便如推倒一株枯树一般容易。湣王身死国亡，后世提及恶行，必以之为典型，这并无别的原因，正是因其行权谋而不务礼义啊！"

转眼数年过去了。一日，荀子正与诸弟子讲论礼乐之用，有人来报，有齐国使臣求见。荀子便停止讲授，道："快请！"

来人乃齐国派至楚国致谢结盟的使臣刁勃。一番寒暄之后，荀子问刁勃："据闻，尊使来郢都，楚王接待甚厚，想必已经完成使命，齐、楚联盟成矣。敢问尊使屈尊来见鄙人，有何见教？"刁勃拱手道："先生明察，勃赖两方君王恩宥，差可不辱使命，亦是两国百姓之福啊。我齐国自今王即位以来，励精图治，安平君及众臣勠力同心，虽经败

亡，今已渐渐恢复大国气象。大王命安平君修复
稷下学宫，广招天下贤士，得知先生在楚，特命
勃致意先生，务请先生重返稷下，则齐国幸甚，
天下幸甚！"

刁勃说着，从袖中取出一封书信，双手奉
上，道："先生门下王孙贾有书信一封，呈请先生
一阅。"

见有爱徒王孙贾的书信，荀子不禁有些激动，
接过来取下封泥，解开看时，信上写道：

　　仲冬丁巳，弟子贾不佞，敢再拜问先生：
先生无恙？前者承教席前，谆谆之言犹在耳
际，不意别来已八岁矣。自先生命驾南行，齐
国亡而复兴，可谓陵谷之变。夫生民何辜？而
横遭涂炭！弟子谨记先生教诲，勠力向前，
护君保民，不避刀剑。幸而天佑齐国，万民
一心，邦家得复。今王与相邦安平君躬行礼
义，仁德广布，招贤纳士，重建学宫，复修列大
夫之缺。愿先生勿衔往昔之憾，而以天下苍生为
念，重返学宫，弟子亦得再聆清音，庶望卒业。

冬日将尽矣，鸿雁北归有日，先生其无意乎？

看罢书信，荀子眼望东北方向的天空，脑际浮现出王孙贾聪敏坚毅而又略显稚嫩的脸庞，不禁眼中泛起点点泪光。

原来，荀子离开稷下时，弟子王孙贾留在了临淄，因为他虽年仅十五岁，但已是齐湣王的侍从。在齐王逃亡时他找不到齐王了，王孙贾十分忠心，便四处打探齐王的消息。当他听闻淖齿在莒城虐杀了齐王，怒不可遏，便在莒城的市中对围观的众人大喊道："淖齿在齐国作乱，杀死了湣王，想和我一起诛杀淖齿的，请右袒！"市人有四百余人追随王孙贾，当晚即攻入淖齿的府邸，刺杀了他。于是莒人共立齐湣王之子法章为王，是为齐襄王。

后来，即墨守将田单采用反间计，使燕国以骑劫代替了乐毅，又用火牛阵大破燕军，迅速收复了齐地七十余城。田单收复临淄之后，便派人来莒城接齐王回都，此时已是法章即位后的第六年（前279）了。

齐襄王回到临淄，很注意吸取其父齐湣王的教训，封田单为安平君，拜为相邦。

安平君向齐襄王建议："威王、宣王之世，齐国强盛，乃广招贤才之故。愿大王重建稷下学宫，复修列大夫之缺，广招天下贤士，高爵厚禄奉养之，则贤才可至，齐国复强。"

齐王闻言，道："君所言极是。我齐国既经败亡，复兴伟业，非广聚贤才不可。寡人即命君着手此事，一面重修学宫，一面派人赴列国延聘通人硕儒，以助我齐国早日复兴，再造辉煌。"

于是，田单派人在废毁的学宫原址修复、重建屋舍，同时发布告示，晓谕民众齐王重建学宫，请闻知者广为宣传，聘请天下贤达名士前来讲学论道，好学之士亦可来访师问学。

齐王身边有九位亲幸的侍臣，嫉恨田单，便想暗地里中伤他。他们伺机向齐王道："燕伐齐之时，楚王派淖齿率军前来帮助齐国，其事虽未能善终，然而楚王之初心还是好的。如今我国事已定，社稷已安，应广结与国，敦睦邦交。大王何不派使臣前往楚国以表达谢意呢？"

齐王问道："众臣之中谁可为使？"九人皆言刁

勃可为使臣，于是齐王便派刁勃出使楚国。刁勃本与田单有嫌隙，然而田单不但没有计较，反而向齐王推荐了他，故而九位侍臣想借刁勃使楚，开罪于刁勃，嫁祸于田单。

刁勃临行，王孙贾来见他，道："先生此去楚国，敢请您替我捎一封书信给荀况先生。先生乃贾之恩师，德行高尚，学问淹博，我很希望他能再次回到稷下，如此则是我齐国之福了。"

刁勃来到楚国，受到楚王热情接待。楚王本担心淖齿所作所为会令齐国仇视楚国，没想到齐王不计前嫌，主动派使臣前来修好，自己当然满心欢喜，于是大排筵宴，每日除了盛情招待刁勃，还命人陪他到云梦一带游山玩水。

楚王之所以如此盛情款待这位齐国使臣，是因为此时秦国又加紧进攻楚国了。去岁（前280）秦军攻占了楚的上庸、汉北之地，今年白起又率军攻下了西陵，郢都已处在秦军西、北夹击的形势之下，局势之危急不言而喻，故而楚王此时急于再次与齐国等国合纵抗秦。

上述种种，荀子虽不能尽悉，但身居左徒黄歇的府中，对诸国形势也有大致了解，他近来深深感受到了楚国面临的困难和压力。如今刁勃又备述齐王与安平君盛情相邀之意，加之王孙贾来书殷勤约请，荀子犹豫了。

刁勃见荀子沉默许久，知道他在犹豫，便道："先生不必为难。勃深知先生居楚日久，岂能毫无留恋之情？但齐国虽残破，先生之故友弟子犹多，莫不感怀先生德义。今日之齐，上下同心，大王行仁义、崇王道，复兴可期；而我观楚国，虽也不乏贤能之臣，楚王却暗弱无断，虽有令尹昭雎、左徒黄歇等贤臣，然子椒、上官等诐邪当道，楚王日与宋玉、唐勒、景差等弄臣饮酒作赋、荒淫无度，恐怕先生在此也不会十分顺心吧？"

荀子看向这位使臣，笑了笑，道："足下所言，况岂有不知？我之所以犹豫，是因为有愧于左徒黄歇耳。足下且回齐，并上复大王及安平君，况不日即启程。冬日尽矣，鸿雁岂能不归乎？"

送走刁勃，荀子来见黄歇。

刚一见面，黄歇便愁眉不展地对荀子道："先生可知，秦军今已逼近郢都，而朝中大臣不但不思抵抗，反而纷纷有撤出郢都之想！唉！简直岂有此理！"荀子道："朝臣如此，也就无怪乎街头百姓惶惶不知所措了。昨日我在外看到人们议论纷纷、摇头叹息，大敌当前，百姓毫无斗志，令人扼腕啊！"

黄歇据案道："依先生看来，莫非以楚国之大，竟不能与秦军一战吗？"

荀子答道："况与南公交往，南公曾对我言：'楚之先王若敖、蚡冒，筚路蓝缕，以启山林，楚人拼搏奋斗之精神，是任何一个国家也无法打倒的。秦人固然能一时得逞，然而楚虽三户，亡秦必楚！'以况之陋见，秦军主帅乃名将白起，而我方臣民又无斗志，郢都怕是难以保全了。但您也不必过于焦虑，唯尽人事以听天命罢了。或许，经此一劫，楚国反倒会激起反抗之心。"

黄歇叹道："但愿能如先生所言吧。不知先生来见歇，可有什么事吗？"

荀子面露难色，说道："况此次来，是向您辞行的。不瞒足下，刁勃来访，目的是请我重返稷下学宫。我来到楚国已经八年，蒙君关照，得以在此潜心研讨学问、教授生徒。然而楚地僻处南方，不足以招聚贤能、增广学问。何况，今者谄邪当道，以君之德才，犹不得施展怀抱，更不必说荀况之鄙陋了。我在楚国，实属可有可无。我想起当年在稷下学宫的时日，师友众多，讲书论道，教学相长，心中实在怀念！"

听到这儿，黄歇看着有点儿出神的荀子，道："先生所虑诚是。只是，歇无能，既不能改变楚国之现状，更不能挽留先生。齐已几近灭国，楚国若再败于秦，恐怕再没有哪个国家能够阻止暴秦的吞并了。先生此去，若见到齐王及安平君，万望先生以天下为虑，尽力促成齐国发兵助楚，歇感念不尽！"说着，黄歇起身向荀子稽首施礼。

荀子连忙相扶并还礼，道："这些何劳君嘱！况岂有不尽力之理？然而以势度之，即便楚、齐联合，怕也难敌秦军；可能不等齐国发兵，秦军已攻破郢都的城门了。以况之见，楚之不敌秦，不在兵将之弱，而在民心涣散。郢都若失守，大王必定东奔，然西部巫郡、黔中之地，绝不可弃。君若能激起百姓同仇敌忾之心，与已攻入滇中的庄蹻将军联

合，巫与黔中未尝不可失而复得，则郢都亦可复
得矣。"

黄歇终于精神为之一振，道："多谢先生指教！"

从黄歇处回来，荀子便命弟子们开始收拾行
囊，准备返回齐都临淄。他知道，黄歇虽对自己尊
敬有加，然而其内心仍不免有苟安妥协之想，否则
他也就难以在楚国朝中混迹这么多年了；倒是前几
日向楚王进谏的庄辛，颇有屈原先生直言敢谏的风
范，可惜楚王根本听不进去，庄辛只好跑到赵国
去了。

启程离开郢都之时正值蜡日，郢都的百姓正忙
着一年中最热闹的一次祭祀。也许，这是郢都最后
一次蜡祭了。

三为祭酒

　　冬日的暖阳虽尚不足以逼退所有的寒意，然而临淄城外淄水北岸的野菜却已是一片绿色葱茏了。隔着淄水，荀子远远看见一个似曾相识的身影在朝自己张望，他身后还有一人，从衣着上看似乎地位更高，隐约透出威严之气。

　　来迎接荀子的，是弟子王孙贾和安平君田单。王孙贾棱角分明的脸上透着一股坚毅，虽然早已脱落了当年的少年稚气，健壮的身躯也更见魁梧，可荀子还是一眼就认出了他。见面后，安平君田单把荀子一行让至修葺一新的稷下学宫安歇。

　　翌日，齐襄王亲赐荀子爵为上卿，尊称"荀卿"，并任命为学宫祭酒。祭酒如同今日的校长，负责学宫的日常管理，但远没有今天大学管理那么复杂，而地位之荣宠则有过之而无不及，也可以说，祭酒在当时主要是一种身份的象征，是一种荣誉。当然，学宫的事务虽然简单，但国有国法，家有家规，某些规章制度还是要有的，像现存于《管子》书中的《弟子职》，可能就是稷下学宫时期的"学生守则"，规定着弟子洒扫应对的种种行为规范。比如，其中规定，少年弟子要晚睡早起，晨起清扫坐席而后洗漱，然后为先生摆设盥洗之器，服侍先生洗毕便撤下盥器，所谓"少者之事，夜寐早作，既拚盥漱，执事有恪。摄衣共盥，先生乃作。沃盥彻盥"。其他如怎样听课，如何进食，洒扫之道，迎宾之礼，等等，极为细致。其中很可能便有荀子的功劳。

荀子做了稷下学宫的祭酒之后，每日勤勉地管理学宫事务，为众多先生、弟子们操劳，自己教授的弟子也日渐增多。齐王还时不时召见荀子，问以国事，荀子每每进谏，劝导齐王推行一些利民强兵的措施。

齐王被田单迎回都城临淄之后，对田单的能力和势力颇多忌惮，加上身边九位佞臣的谗言，他甚至产生了寻机撤掉田单相邦之职的想法。

就在刁勃出使楚国时，因楚王盛情款待刁勃，刁勃在楚停留的时日稍久，九佞臣便进谗言道："大王，刁勃本藉藉无名之辈，反而受到万乘之主的厚遇，难道这不是因为他背后有安平君的势力吗？而安平君对大王您，简直没有君臣之礼、上下之别！他对内安抚百姓，赈救贫穷，广布恩德；对外怀柔戎狄，招纳贤士，阴结诸侯。真不知道他到底意欲何为啊！"

齐王闻言大怒，立刻召见了田单。田单见齐王怒气冲天，不知自己做错了什么，只得摘掉帽子，光着脚，肉袒而入，请齐王治罪。齐王虽恼怒，但并没有田单叛逆的证据，就这样僵持了五日，才无可奈何地对田单道："你没有得罪寡人。你奉行你身为臣子的礼节，寡人奉行为王之礼而已。你退下吧！"

刁勃从楚国返回，听闻此事，很是义愤。齐王因刁勃不辱使命，设宴款待他。酒喝得正欢，齐王命人道："去！叫相邦田单来！"刁勃便向齐王言道："大王自比周文王如何？"齐王摇头道："寡人哪里敢比文王！"

"然则可比齐桓公吗？"

"也不敢比！"齐王再次摇头。

刁勃道："是的，微臣也觉得大王有所不如。可是，周文王称吕尚为太公，齐桓公称管仲为仲父，大王有安平君而呼之曰'田单'。敢问大王，若没有安平君，大王如今怕连被围困于城阳之山中都不可得吧？很可能已被燕军抓获了！安平君以即墨弹丸之孤城，兴复千里之齐国，奉迎大王于城阳群山之中，试问自天地开辟以来，可有谁的功劳高过安平君吗？如今国已安定，民已亲附，大王不思安平君之功德，反听信九佞臣之谗言！臣以为不杀此九竖子，国家危矣！"

齐王大为震动，当即斩杀了九佞臣，并加封安平君以万户。

虽然在齐王返回临淄之后的最初几年里，一则是他尚能听取诸如刁勃、荀子等人的谏议，二则是有安平君等大臣的辅佐，齐国国力有所恢复，但整个列国形势并未向着有利于齐国的方向发展。

就在荀子回到稷下后不久，齐国还没议定是否出兵相助楚国的时候，秦军在白起的指挥下，便以迅雷之势攻破郢都，横扫整个楚国西部。楚军根本没有形成有力的抵抗便溃散了。秦军所到之处，百姓流离失所，军民死伤无数，尸横遍野。白起焚毁了楚国的宗庙，火烧了夷陵（楚先王的陵墓）。屈原闻听这一消息，悲痛不能自已，在五月五日这天怀沙投汨罗江而死。

　　楚王一路逃亡至陈，总算摆脱了追兵，止住脚步。他听从黄歇的建议，从赵国请回了庄辛，并任为令尹。令尹庄辛一面重整人马，抵抗秦军东进，一面派人到西部巫郡、黔中等地发动百姓，反抗秦的统治。秦军的暴虐和屈原的自杀，极大地激起了楚人的愤怒，楚军不仅在东部抵挡住了秦军的推进，稳固了新都陈郢，西部的反抗也取得了一定成效，占领了沿江十五座城邑，重建了黔中郡。后来，黄歇又出使秦国并说服了秦王不攻打楚国，但以楚派太子入秦为质为条件。一时间，秦、楚之间又建立了新的平衡。

　　齐国在几近灭国之余，远未复原；楚又新遭郢郢之难；三晋之中，韩、魏多次被秦攻略，已几无还手之力；而燕国在列国中本较弱小。所以，只有赵国尚能与秦抗衡了。在五国破齐之后，秦曾集中兵力攻赵：赵惠文王十七年（前282），秦攻取了赵的蔺、祁二城；赵惠文王十九年（前280），白起又攻下了光狼城。可笑的是，赵与秦战失利，不敢回击，而是秦打我，我打魏，秦再打我，我打齐。赵国先后攻取了魏之伯阳和齐之麦丘，也算有所补偿了。鄢郢之战前，为避免两线作战，秦与赵举行了著名的渑池之会。此后十年左右，秦、赵之间未有大的战事。

鄢郢之战之后，秦加紧进攻韩、魏。由于齐国与秦之间有韩、魏相隔，秦军很难直接进攻齐国。但秦国多次攻打大梁，是有意攻占或至少胁迫韩、魏，威胁齐国，形成一条由西到东的连横链条，切断楚与燕、赵的联络，从而彻底打破合纵，最终将列国各个击破。与此同时，赵国却开始攻打齐国，先是在赵惠文王二十五年（前274）攻下了昌城、高唐，又在赵惠文王二十八年（前271）攻取了平邑。而秦国见攻大梁不下，相邦魏冉便命人攻下齐国的刚、寿，以扩大自己在陶的封地。

　　齐国就这样在列国争战的夹缝中苟延残喘。在受到秦、赵两国的攻打之下，齐王决定奉行小心侍奉秦国，绝不再与楚、赵等合纵的策略。田单、荀子等见劝谏无效，皆十分失望。于是荀子辞掉了祭酒之职，专心教导弟子。

　　一日，荀子正在银杏树下与诸弟子讲论大道："试问：人，力气不如牛，速度不如马，但牛马为人所用，此为何故？这是因为人能团结为一个群体，而牛马不能。然则人何以能群？这是因为人能各安其名分。而名分何以能行？这是因为人们懂得义。因此，人不可没有群体观念，否则便会发生纷争，发生纷争便造成动乱，于是离心离德，无法生存下去。所谓君者，乃善群者也。故圣王之道，当尊君而明分。人与动物的区别在于人能明辨名分，名分之大莫过于礼，礼之大莫过于圣王。"

　　此时，有弟子起身问道："敢问先生，古来圣王以百数，我等当效法哪些圣王呢？"

　　荀子点首道："汝之疑问甚好。礼制传承久了便会废弛，正如乐曲节奏过长总会断绝。所以，要观览圣王之遗迹，则必须考察那些保存清楚明白的，也就是后王的治国之道。不法后王而称道上古，就好比是舍弃自己的君主而侍奉别人的君主。所以说，要以近知远，以一知万，以微知明，以今知古。所谓'五帝之外无传人'，并非无贤人，只是久远无传罢了；'五帝之中无传政'，并非无善政，也是久远无传而已；禹、汤有传政而不如周政之明晰，并非夏、商无善政，亦久远之故耳。所以孔子从周，是法后王。当然，先王、后王都是相对而言，于今日而言，文、武何尝不是先王呢？

"有的人不法先王，否定礼义，然而专喜钻研奇谈怪论，其言论明察却属不急之务，其论说雄辩而毫无用处，以其言行事却没有功效，绝不可作为治国之纲纪，然而这些人说得有根有据，言之成理，足以欺骗蒙蔽愚民大众，他们就是惠施、邓析之流。

"还有的人虽略法先王却不知其要领，反自以为才华横溢、志向高远，实则见闻广博而混杂。依据故事传闻编造新说，称之曰'五常'，其实乖僻违理且无所归属，幽深隐微而难以讲说，晦涩纠缠而无从解释，却号称这是真正的先君子之言。此等学说，子思唱之于前，孟轲和之于后，那些愚昧懵懂的俗儒不知其非，哗然盲从，都接受并传播此说，真以为仲尼、子弓创立此说以嘉惠后世。这，难道不是子思、孟轲之罪吗?！"

荀子声如洪钟，慷慨激昂，听者莫不鼓掌称颂。如今的列国局势已非荀子离开稷下到楚国时可比，秦国相对东方六国的优势日渐明显，像孟子那样仅仅高呼仁义，显然已无法打动列国的君王，人们看重的，也是更为实用的学说。所以，荀子在相当长一段时间里，集中精力分析批判了各家学说，除上述惠施、邓析及子思、孟子外，他还一一评析了它嚣、魏牟、陈仲、史䲡、墨翟、宋钘、慎到、田骈等，写成了《非十二子》的著名论文。后来，荀子再次分析各家各派的弊端，以及一般人性所易于被蒙蔽者，并进而分析了如何通过"虚壹而静"实现"大清明"，也就不会被蒙蔽了，于是写成了《解蔽》。

荀子批判、吸收百家学说，学问日益精进，来追随他问学之人也日渐增多。齐王见荀子追随者日多、影响日大，便再次恳请荀子做了祭酒。

一个秋天的早晨，弟子来禀报说，门外有一位韩国的公子前来拜师，恳求荀子收留。荀子出来一看，是一位十五六岁的少年，身材高挑，穿着蓝色深衣，蓝帕裹头，虽然一身风尘，但精瘦的身躯透出一股锐气，深邃的目光闪烁着犀利而坚毅的光芒。

这位韩国的公子见了荀子，连忙稽首道："弟子韩……韩非，叩……叩见先生！弟子愿追……追随先生，学……学习治国——安民之道！"原来此人叫韩非，讲话口吃得厉害，但浑身透着一股聪明精干之气，荀子心中已暗暗喜欢上了这位年轻的弟子。

荀子道："你既欲投入我门下，定当时时努力，不可以韩国公子的身份而心存懈怠。且先安顿好住处，即刻便来见我，今日便开始读书。"

韩非虽有韩国贵族公子的身份，却十分勤俭努力，在荀子的指导下，他几乎把当时能找到的书都读了，涉猎之广博，时人罕能匹敌。韩非不仅好读书，而且善读书，他尤其喜好古今历史传说故事，

韩非投入荀子门下

认为这些历史传说与日常故事中往往蕴含着深刻的道理，他把这些一一收集起来，分门别类，以备与人论辩及著书立说之用。韩非虽口吃，却擅长著书，文笔峻峭而犀利，论理明晰而严密，极有荀子的风范。

北风吹雪，转眼一年就要过去了。这天，荀子正准备把一年以来学宫的情况呈送给相邦，以禀告齐王，忽有人来报，说邹衍先生从燕国回来了。

邹衍先生回到齐国，的确是一件大事。邹衍在燕昭王密谋伐齐时就已到了燕国，燕昭王为之拥彗清道，并为他专门修筑了碣石宫，自己执弟子之礼听其论道说法。不过，邹衍并没有帮助燕昭王做不利齐国之事，他除了讲论大道，便是对自己倾心的阴阳五行学说进行研究，而昭王对他也很是宽容，一直敬为师长。但燕昭王去世后，继位的燕惠王对先朝旧臣却并不如何信任，加之安平君田单的反间计使得燕、齐之间的局势发生了不利于燕国的反转，燕惠王便怀疑邹衍有通敌之嫌，一怒之下把邹衍打入了囹圄。身处囹圄的邹衍既没有喊冤，也没有显出任何畏惧之色，依然那么平静，无论如何艰苦，仍旧在思考着他的学说。幸而他的弟子多方奔走，加上朝中一些正直之士的劝谏，燕惠王总算没有杀掉邹衍。邹衍被囚于狱中数年，直到燕惠王被弑，燕武成王即位，他才被释放。

这些年邹衍虽远在燕国，但其盛名早已誉满天下。他回到齐国时已年近花甲，受到了上自齐王、下至平民的热情欢迎。荀子自然对这位德高望重的前辈也表现出十足的尊敬，因为邹衍是荀子始来学宫时的前辈稷下先生，多年相处，荀子深知邹衍是个博学多识而且有着高尚情操的大师，他热情地为这位故友接风洗尘，并郑重地向齐王提出，自己愿将祭酒之位让于邹衍先生。齐王与众臣商议之后，同意了荀子的提议，并为此举行了盛大的仪式。从此，荀子再次专心于他的授徒讲学事业。

夏日，正午，闷热的空气几乎要令人窒息了，系水蒸腾上来的热气更加剧了这种感觉，树上的蝉鸣简直就像临死前的呼救，拼命地叫个不停。

荀子右手摇着一柄户扇，左手执一卷书，正读得入神，忽有一位十六七岁的青年人来投师问学，口口声声要向荀子学帝王之术。

荀子闻言，莞尔一笑，对来人道："帝王之术，确然是需要讲究的。国者，乃天下之利器；君者，则天下之利势。如能以其道行之，就会非常安定，十分荣耀，成为美善之源泉；若不以其道行之，就会非常危险，十分烦劳，有不如无，乃至求为平民而不可得。故而，君王处天下之利势，一定要把握使用这天下利器之道。"

来人长揖问道："敢问用国之道如何？"

荀子道："以礼义立国者可以为王，以忠信立国者可以称霸，以权谋立国者终归于灭亡。此三者，明主是要谨慎选择的，而仁人务必辨析清楚。"

于是荀子又收下了一名弟子，此人名为李斯。

李斯，上蔡人。上蔡在春秋时本为蔡国都城，而此时早已是楚国的一部分了。李斯曾做过小吏，却不甘为人下。他曾见到官仓中的老鼠，饱食肥硕，看到人来也不甚惊慌；而厕中之鼠极为瘦弱，所吃的也不干净，听见一点响动便惊恐逃窜。李斯不禁感叹，以为做人便应如仓鼠，万不可做厕鼠。于是他便辞了小吏之职，来向荀子学习帝王之术。

李斯与韩非年龄相仿，治学也极勤勉，然而不能像韩非那样沉浸其中，涉猎广博，且浅尝辄止。他与韩非同在荀子门下数年，但自以为不如韩非。

齐襄王十八年（前266），燕王封宋人荣蚠为高阳君，攻打赵国。赵王打算割济东三城令卢、高唐、平原及附近五十七座小邑给齐国，以换取安平君田单为赵攻燕。齐襄王贪图这些城邑，居然爽快地答应了。邹衍认为田单的离开一定会削弱齐国的实力，但齐王并没有听取他的意见，田单只好去了赵国。邹衍见朝政日非，心中愤懑，也负气出走赵国了。

邹衍走后，稷下学宫的诸位先生中，荀子便是最为年长的了，当时号为"老师"，于是他第三次担任了祭酒。

入秦论政

　　就在荀子第三次担任祭酒之后大约一年，齐襄王病逝，其子田建继位，是为齐建；而掌权的乃是新王的母后，国人称之为"君王后"。君王后比襄王更加小心地对待秦国，齐国政治毫无起色，只是因为秦国奉行远交近攻的策略，故而齐国战事较少。

　　赵国也是新君刚刚继位，同样由太后掌权，其人史称"赵威后"。君王后派了一名使臣携带国书前往赵国问候赵威后，威后没打开书信，便先问使者道："齐国的年成可好？百姓都好吗？齐王身体也好吧？"使者有点不高兴地说："下臣奉命前来问候太后，您不先问王，反倒先问年成和百姓，岂不是先卑贱而后尊贵吗？"

威后道："岂有此理！倘若没有好的年成，哪里还有百姓？没有百姓，还会有君王吗？难道还有舍本而问末的道理吗？"

顿了一顿，威后又问道："齐国有位处士叫钟离子的，他可好吗？听说他的为人，极其乐善好施，不论你贫富贵贱，他都乐于施舍帮助你，这是在帮助齐王赡养百姓啊，为何至今不得任用？叶阳子可好吗？他怜恤鳏寡孤独，救济贫困穷苦，这是帮助齐王养育百姓啊，可为何至今不得任用？北宫家的女子婴儿子可好吗？她摘掉珠玉首饰，至今未嫁，以奉养双亲，这是为孝顺父母做出的表率啊，为何至今不被召见？这两位士人得不到任用，一位孝女又不被接见，试问齐王凭什么为齐国之主、统治子民？！那於陵子仲可还活着吗？这个人上不称臣于王，下不治理其家，中不交游列国，这是为百姓做出的无用之榜样，因何至今还不处死？"赵威后的每一句话都铿锵有力，振聋发聩，说得齐使直冒冷汗。

有德有功者或者在野不仕，或者纷纷离去；而颠顸无能之徒、谄谀苟容之辈充斥朝廷。因为荀子屡屡进谏，议论朝政，那些谗佞乱臣便不停地编造荀子的坏话。三人成虎，齐王和君王后渐渐流露出对荀子的不满。

荀子对齐国的朝政既感失望，对齐王及君王后的昏庸失察又觉痛心，他并不会对自己的遭遇处境担忧，但也是时候考虑去留之事了。

荀子把陈嚣、韩非、李斯等众弟子召集一处，道："如今齐国国事日非，为师屡次进谏，反遭谗害。如今我想离开齐国，不知你们有何看法？"

陈嚣毫不犹豫地道："先生去哪里，弟子便追随到哪里，万死不辞！"

荀子笑了笑，道："我打算到秦国看看。当今天下，列国纷争的局势日益明朗，与二十年前已大不相同，秦并吞列国、一统天下之局已成。秦虽无道，可我等既未曾去过，如何知道它不会走上正道呢？所以我想去看看。尔等若愿随行，便可同往；如不愿去，或留或行，各随其便吧。"

当下众弟子大多表示愿追随先生，李斯也表示愿往，也有少部分愿留在稷下，继续求学的，还有几位说想回家乡探亲的。唯有韩非，认为自己跟随荀子这几年，学有所成，而今韩国日渐削弱，希望自己能够学有所用，便拜别了师父及众同门，回韩国去了。

辞别齐王与君王后时，他们竟没有半点挽留之意，这反倒令荀子心中有一种莫名的踏实感，自己的决定是对的。

然而，当一行十余辆马车渡过系水、踏上西进的征途，荀子回首看了一眼稷下学宫前的那株银杏，此时也是才要吐芽，晨曦中依然是满含着生机；系水两岸鹅黄的柳条随风飘摆，几只野鸭在微漾的河水中嬉戏。眼前的景致是那样熟悉！这一瞬，仿佛又回到了三十六年前十五岁的他初来稷下之时。不知是河上腾起的雾气，抑或是他眼中起了雾，眼前的景色突然模糊起来，荀子扭头看向西方，为他驾车的陈嚣使劲一扬鞭，四马奋蹄，车子隆隆地向前驶去。再回首时，那棵高大的银杏树也已淡出了视线……

荀子一行由打临淄向西，经大梁、洛阳，进函谷关，最后抵达咸阳。这近三千里的行程，晓行

荀子离开稷下学宫

夜宿，虽备尝艰辛，却也领略了沿途不同的民俗风情，感受到了连年战乱造成的民生创伤。

咸阳城很是繁华，可谓物阜民丰，也难怪被世人誉为"天府之国"了。荀子寻了一家简朴干净的客馆住下，略休息了几日，了解了一下秦国的风土人情，便命李斯前往应侯范雎的相府投递上自己的名谒。

范雎时任秦相，本是魏国人，虽没有多少学问，但极为精明。他见了荀子之名谒，心中又惊又喜。一见荀子之名，他先是吃了一惊，因为此人声名广誉，若在秦国待久了，恐怕对自己的相位不利；可转念一想，既然荀子名声很大，自己当然可以借以博取尊贤之名，只要略施小计，让秦王疏远他，他自然会乖乖离去。

念及此，范雎立刻下令："快备车！本相要立刻去会见荀况先生！"

很快，范雎在驿馆见到了荀子，并当着荀子的面，命人将相府的东跨院收拾出来，供荀子师徒居住。

荀子见范雎如此热情，便也很客气地把他请入室内叙谈。

一番客套之后，范雎问荀子："先生入秦，可有何见闻？"

荀子答道："以况所见，秦国边塞险要，地形便利，山川林谷优美，出产物资丰富，真乃形胜之国也！入境以来，观其风俗，则见百姓淳朴，音乐歌谣绝不下流污秽，服饰装扮也不轻佻妖冶，人们都很敬畏官长而且驯顺，真乃有古风之百姓也！及至进入都邑，则见官府中群吏都保持一副严肃认真之貌，莫不恭敬俭朴、敦厚谨慎、忠诚守信而绝不草率粗疏，真乃有古风之官吏也！进入国都之后，我见秦之士大夫，皆出乎其门，入于公门，出乎公门，归于其家，绝无个人私事；且不相勾结，不拉帮结派，皆有卓然超群之姿，无不清明通达而具公心，真乃深具古风之士大夫也！况又观察秦之朝廷，则见其朝中像是十分清闲，实是官长处理大小事务绝不拖沓，所以看上去安闲得就像无事一般，真乃古之朝也！秦自孝公以降，历惠王、武王以至今王，已经四世，对外战事几无败绩，此绝非侥幸，乃是深有缘故的。此即况入秦之所见。所以说，安逸而国治，简约却详备，不繁杂而有成效，这是治国之最高境界，秦国可以说差不多做到了。虽然如此，秦国仍应知所戒惧。即便秦兼前述之众美于一身，然而若以王者之功名来衡量，则天远地隔，尚有不及啊！"

范雎每听荀子赞美一句，便美滋滋地颔首称是，以为荀子夸赞秦国，便是也在夸赞他这个大秦的相邦了；可听到最后，忽然变成了有所不及，便略有不悦地问道："依先生之见，秦政不及王者之功，是何缘故呢？"

荀子微笑着道："大概是因为秦国没有儒者吧！所谓'有纯儒可以称王，驳杂者能称霸，无一者必灭亡'，这大约正是秦国的短处了。"

"呵呵，"范雎笑了笑，"先生所言，大概是对的。范雎明日上朝，定当向大王荐举先生，肯请大王尽快接见您。"

荀子拱手道："那就有劳相邦，况先谢过了。"

范雎仍旧笑呵呵地道："区区小事，不过举手之劳，先生不必挂怀。雎已令人收拾了相府的东跨院，先生明日便搬过去吧，也方便雎早晚向先生请教。"

荀子再次拱手道谢："如此，便叨扰相邦了。"

第二天早朝散后，范雎留在最后没有马上离开，秦王便知有事。果然，待所有朝臣都离开之后，大殿上只剩秦王和范雎两人了，范雎才开口道："大王，臣有一事禀报。"

秦王向前探了探身，道："现在殿上已经没人了，你就说吧。"

范雎道："齐国稷下学宫的荀况来了咸阳，想见大王。"

秦王道："荀况的名字，寡人倒是略有耳闻，那我就见一见吧。"

"可是，大王可了解荀况的为人与学说吗？"

"嗯？寡人不甚了了，君不妨详细告知寡人。"

"荀况是赵国人，但自十几岁到临淄之后，几乎一直待在稷下学宫。他接受的是齐、鲁儒家之学说，尊奉孔子王道主张。"范雎略带神秘地接着说道："大王知道，稷下学宫的那些先生弟子们之间常常相互非难、激烈辩论，个个都是诡辩的高手，这位荀况先生曾三次做了学宫的祭酒，自然是其中的佼佼者了。另外，儒家的学说，好古而贱今，皆属无用之论。"

秦王皱了皱眉，道："噢，既如此，相邦把他打发走就是，寡人就不必见他了。"

范雎连忙摆手道："大王不可。荀况虽不足道，然而其名声却是极大，您若就这样把他打发走，恐怕会落一个拒贤之名。不如尽快接见他，一则大王有求贤尊贤之美名，二则亦可借此机会知其虚实、明其无用。然后臣自有办法令其自行离去。如此，岂不两全其美？"

秦王听了，含笑点头道："君言甚是。早朝刚散，时间尚早，你即刻去召荀况，就说寡人设宴，为他接风。"

荀子没料到秦王这么快就要接见自己，稍事准备，便随范雎进宫了。

秦王亲自迎至宫门，见礼之后，与荀子携手而行，甚是亲热；宴会也极丰盛，有相邦范雎等一干重臣相陪。对这样的礼遇，荀子反倒有点心生不安，不知道秦国君臣究竟意欲何为。

果然，酒过三巡之后，秦王忽然对荀子正色言道："寡人听闻，儒无益于国家的治理，敢问先生之说。"说着秦王意味深长地瞥了一眼范雎，范雎赶紧低下了头。

这些自然躲不过荀子锐利的目光，他心中顿时了然，昂首答道："以大王之英明，定然不会听信别人的闲话。众所周知，儒者是效法先王、崇尚礼义、谨守臣子名分且能令主上尊贵之人。人主任用儒者，则他们在朝为官必定尽忠职守；若不得任用，则退为编户而诚悫为民；无论怎样，他们都会是一个驯顺的臣民。即便穷困冻饿，也不会走上邪道；就算没有立锥之地，也能够遵循以国家社稷为重的大义。即使大声疾呼而无人响应，然而他们是懂得管理各种事务、安养黎民百姓的道理的。儒者若地位在众人之上，则为王公之材；不然，亦社稷之臣、国君之宝也。即便隐居穷巷陋屋之中，也定会得到人们的尊崇，因为他是道之所在啊。当年，仲尼将要做鲁国的司寇，沈犹氏就不敢在早上卖羊之前给他的羊灌一肚子水了，公慎氏赶紧把他那淫乱的妻子休掉，而不法之徒慎溃氏更是逃离了鲁国，鲁国卖牛马的商人也都不敢哄抬价格，而是明码标价、童叟无欺。孔子住在阙里时，阙里的子弟渔猎所获，家有双亲者会多分一点，这便是受了孔子孝悌思想的感化啊。所以说，儒者在朝堂为官则能使政通人和，在下位为民则可令风俗淳美。此乃儒者为人下之功效也！"

秦王仍面无表情地道："那么儒者为人上又将如何？"

荀子答道："儒者为人上，其功效可就广大了。其内心意志坚定，朝中便会礼节修饬，百官便会谨守法度，万民便会忠信仁爱。让他做一件不义之事、杀一个无罪之人便可以获得整个天下，但即便如此儒者也不会做。如此一来，其为君之德义便会获得百姓信任，广布四海，为天下欣然响应。这是何故呢？是因其尊贵之名显著而天下大治也。故而近者歌颂而热爱他，远者竭力来投奔他，四海之内如同一家，舟车所通，莫不宾服。此之谓万民之师长也。《诗》讲：'自西自东，自南自北，无思不服。'说的就是这个啊。儒者为人下即如方才所言，其为人上又复如此，怎么能说无益于国家治理呢？"

秦王微笑着点头道："说得好！"

荀子接着道："敢问大王，强力之道当止息，礼义之道乃大通。这又是说的什么呢？"

秦王略有所思，然后摇头道："寡人不知，请先生赐教。"

荀子道："此秦之谓也。秦国威势强于汤、武时期，疆域广阔大过舜、禹时期，然而忧患在前，不可胜数，提心吊胆，常恐天下合纵而攻打自己，这就是臣所谓'强力之道当止息'也。"

"那么何谓'威势强于汤、武'？"

"汤、武二王，不过能令拥护自己的人为其所用耳。而今日之楚国，父王死于秦，国都被攻破，楚王背负着三位先王的神位，逃窜于陈、蔡之间。他正寻找合适之时、等待可乘之机，直捣秦国之腹地；可是秦让他往左他便往左，命其往右他便往右。这真是竟能驱使仇敌啊，难道不是'威势强于汤、武'吗？"

"那么何所谓'广阔大过舜、禹'呢？"

"自古以来所有的王者，一统天下，威臣诸侯，但没有谁封畿之内超过千里的。而如今秦竟然南至沙羡，是占有江南了；北境与胡、貉为邻；西则占有了巴、戎之地；东部所占领的楚地已与齐国交界，所占领的韩国之地则跨过常山而包有临虑，所占领的魏国之地乃据有了围津，距离魏都大梁仅仅一百二十里而已！所占领的赵国之地伸向灵丘、背靠西海而以常山为险阻。这真乃是国土遍天下了。此即所谓'广阔大过舜、禹'也。这即是臣所说的，虽然秦国威势震动海内，强势压倒诸国，可是忧患在前，不可胜数，提心吊胆，常恐诸国合纵而攻打自己。"

秦王皱眉道："然则依先生高见，我当如何呢？"

荀子答道："大王当节制武力而返于文治，考察任用端正诚信之君子来治理天下，与这样的人参谋国政，议定是非，申明曲直，听政于咸阳之中，顺从之诸侯有赏，不顺者方致诛伐。如此一来，则秦兵不必再出关征战，号令便可畅行天下。如此，则即使在域外修筑明堂来令诸侯朝拜，大概也是不难实现的。当今之世，攻城略地不如广施信义来得实惠啊。"

秦王默然无语，良久，才举杯道："呵呵，先生远来劳顿，来！满饮此杯！"

离开王宫之后，荀子情绪有点低落，他已经感到此次秦国之行的失败。

第二天，李斯见先生依旧郁郁寡欢，正想上前劝解几句，忽有门人来报，说黄歇求见。

荀子闻报才想起，楚王败走陈郢之后，痛定思痛，开始任用庄辛、黄歇等贤臣，然而仍无法与秦抗衡，而齐国又奉行谨慎事秦之策，合纵抗秦的局面也难以恢复了。于是楚王听从黄歇的建议，以太子为人质，换取秦国不攻楚的承诺。秦权衡利弊，也怕两线作战难以取胜，便答应了楚的请求，楚王因派左徒黄歇侍奉太子入秦为质。黄歇在秦已是第九个年头了，秦人对他和太子看得很紧，他早听闻荀子来了咸阳，可直至今日才得便前来拜会。

见面后，荀子不禁苦笑道："与君一别，至今已近十五年了，想不到再次相见竟在咸阳！你我皆已两鬓如霜矣！"

黄歇也摇头叹道："是啊！歇闻先生这些年在稷下三为祭酒，虽有坎坷，亦可谓声名煊赫。何以今日也来到这虎狼之国？"

荀子道："不瞒君言，况并不在意这虚无之声名，只想能有哪怕一城一县，让我有用武之地，也算不负所学了。"

黄歇稍稍沉吟了一下，道："先生昨日已见过秦王，不知相谈如何？"

荀子道："秦王以为儒者无益于国，无论我怎么讲，怕都不易改变其看法了。秦自孝公用商君，秦任法而治，儒道不行，本不足怪，也并不可惜，况所痛心者，恐怕天下万民将难免于祸殃啊！"

"然则先生以为，相邦范雎是何许人也？"

"范雎虽贵为秦相，然而心胸狭隘，苟且投机，何足道哉！今日看来，似乎他权势遮天，然而这是不会长久的。"

黄歇点头道："先生言之有理。想来先生在秦不会逗留过久，不知有何打算？"

荀子道："秦既无道，东方六国尚能与之相抗衡者，唯楚与赵耳。既然楚奉行暂时相安的权宜之计，就只有赵国可堪一搏了，所以我打算到赵国去。但愿能为抵抗秦军东进，略尽绵薄之力。"

黄歇道："先生且去。今闻楚王病重，歇终有一天会想方设法奉太子回到楚国，先生倘有不如意，便来楚相寻，歇必尽己所能侍奉先生！"

　　送走黄歇，荀子便命弟子们开始收拾行李了。辞别秦王与范雎时，他们也不过假意挽留而已，内心巴不得荀子尽早离开。荀子心知肚明，双方心照不宣，就这样客客气气地一拍两散了。

议兵赵庭

荀子一行离了咸阳，再过函谷关，又经洛阳，然后北渡孟津，迤逦朝邯郸进发。

及至邯郸城下，已是仲秋时节，落日的余晖洒在这饱经战乱沧桑的城墙上，烈烈西风吹过，墙头已经枯黄的劲草瑟瑟嘶吼。

久违了，这阔别三十七年的故乡！自十五岁离开，除了因事偶或回家，荀子一直在外飘荡，如今游子返故乡，已是须发花白的老者。念及此，荀子眼中两行热泪潸然而下。

回到家，饭罢，掌灯。

荀子斜靠几案坐着，看老妻坐在织布机上轧轧织布，不时地回头望自己一眼，眼中晶莹湿润，唇角抖动，欲言又止；两个儿子毕恭毕敬地与自己这个陌生的父亲聊着家常；三个孙儿和一个孙女，大的不过七八岁，小的才蹒跚学步，他们倒是不感到陌生，围着荀子追逐打闹，他们的父亲轻声喝斥，孩子们反倒更加放肆地嬉笑。

四五岁的小孙女趴在荀子的背上，搂着他的脖子，轻声问道："爷爷，这次你几时离家？带着我行吗？"荀子反手拉住她，把她抱在怀里，道："这次啊，爷爷就不走了，等你大一点，我再带你出去！"

看妇织布、儿孙绕膝的生活无论何时都是一种难以割舍的牵绊，这便是天伦之乐吧。荀子在家中住了下来。

荀子回到邯郸才知道，今日赵国之情势已大不如前。赵威后听政仅一年便去世了，今王掌权，重用贵戚，平原君赵胜、平阳君赵豹皆受重任，而大将廉颇、赵奢及名臣蔺相如等则不被信用。如今更为不堪的是，赵王任命一位以色事主的建信君为相邦，骄奢淫逸，渐有亡国之征了。

就在荀子赴秦前夕，还发生了一件轰动列国的大事。范雎的仇人魏齐为躲避范雎的仇杀逃至平原君府中，秦王因而声称久慕平原君的名声，请他至咸阳一见，实际是诱骗平原君至秦并扣留了他，进而要挟赵王交出魏齐人头，否则便杀平原君并进攻赵国。当时的相邦虞卿为了保护朋友魏齐，挂相印逃至魏国投奔信陵君，不意信陵君畏惧秦国而有所迟疑，致使魏齐羞愧自杀。到底赵王还是把魏齐的人头交给了范雎，秦王才将平原君释放回国。

此时虞卿已回到邯郸，听说大儒荀卿回家了，便极力向赵王举荐。赵王当即拜荀子为上卿，而刚刚回国的平原君赵胜也深相接纳，赵国上下对荀子的归来，至少在表面上还是十分热情的。

一日，赵王召请荀卿入朝。原来是有楚国使臣、将军临武君前来朝见，并通告赵王楚国新君继位之事。临武君受新任令尹春申君黄歇之托，特意问候荀卿先生，所以赵王召请荀卿，也是表达对楚国贵使尊重之意。

宾主寒暄之后，荀子向临武君询问了楚国的情况及春申君之近况，双方把酒畅饮，甚是开怀。

当此之时，秦对六国的进攻总是绕不开的话

题，虽然眼下秦正加紧进攻韩国，暂时尚未威胁到楚、赵，然而秦军已然攻下韩之陉城，并在汾水旁修筑了城塞，正准备进攻野王，进而威胁上党。上党当韩、魏、赵之边界，三晋各有上党郡，此地崇山峻岭，南有大河，不啻三晋之咽喉。所以秦军进逼上党，目下的形势实在非常严峻。

谈及暴秦之威胁，赵王便向临武君与荀卿道："敢问用兵之要如何？"

临武君当即答道："上得天时，下得地利，冷静观察敌之动静变化，做到后发先至，此即用兵之要术！"

荀子笑了笑，道："临武君所言非也。臣听闻古人用兵之道，攻战之根本，在于使万民一心。弓箭若不协调，则后羿也无法射中微小目标；六马不和驯，则造父也不能驾车以致远；军士万民不亲附，则商汤、周武也难以战必胜、攻必取。故而善于使万民亲附者，才是善用兵之人。所以臣以为用兵之要在于使万民亲附而已。"

临武君闻言大笑，道："此言差矣！用兵之所贵在于占据优势地位，其所行则在乎变诈。所以善用兵者，鬼神莫测，没人知道它从何而来。孙武、吴起即是这样，所以无敌于天下，哪里需要万民亲附呢？"

荀子微微一笑，道："不然。微臣所言，乃仁人之用兵、王者之志意。临武君所贵者，乃权谋势利耳；所行者，不过诡诈攻夺罢了，乃是诸侯之事。但仁人之兵，是不可欺诈的；那些可欺诈者，是惰怠傲慢之兵，羸弱疲惫之兵，或者君臣上下之间离心离德者而已。因此，用桀之道欺骗桀，尚能靠诡计侥幸成功；而以桀之道欺骗尧，就好比以卵击石，扬汤止沸，或如飞蛾投火，进去没有不烧焦的。仁德之人，上下之间，百将一心，三军同力，臣对于君、下对于上，就如子之于父、弟之于兄一般，就好比人的手臂要保护头脸胸腹一样。故而欺诈然后偷袭他与先使之警戒再进攻他，结果并无分别。何况仁人若治理方圆十里的小国，就要知道百里之内的情况；若治理百里之国，则须知道千里之内的情况；若治理千里之国，那就要了解四海之内的情况。他一定会耳目聪明，警惕戒惧，将全国团结得如同一个整体。所以仁人之兵，聚合则整齐如一人，散开亦肃然而成阵；横扫敌军则如莫邪之长刀，碰上必断；直插要害则如莫邪之利锋，挡者披靡；布阵固守，或方或圆，皆坚如磐石，来犯者必定头破血流，溃不成军。反观暴国君主，他将率领谁上战场呢？自然是他的臣民。可是他的臣民亲附我如同子女之于父母，喜好我如同喜好椒兰之芬芳；他们回头看其主上，则像见了灼烧、黥面之刑的罪恶之人，如同仇人见面一般充满愤恨。试问，照人之常情，即使夏桀、盗跖，也不会为了他所憎恶之人去残害他所亲爱之人的。这就像让子孙去残害自己的父祖一样，他们一定会来通告消息，又岂能相欺诈呢？故而仁德之人当政，国家日益昌盛，诸侯先归顺者就安宁，后归顺者便危险，想与之作对的会削弱，反叛之者必遭灭亡。《诗》云：'武王载发，有虔秉钺；如火烈烈，则莫我敢遏。'所说即此也。"

孝成王、临武君异口同声地道："说得好！请问王者之兵，将用何道、行何术呢？"

荀卿答道："一切皆在君王，将帅竟是末事了。请允许微臣详细地向大王陈说诸侯强弱存亡之效验，以及国家安危之情势。大略而论，君主贤明者其国必治，君主无能者其国必乱；崇礼尚义者国治，慢礼贱义者国乱。国治者强，国乱者弱，此乃强弱之根本也。君上值得仰赖，则下民可用；君上不值得仰赖，则下民不可用。下民可用则强，不可用则弱，此乃强弱之常规也。最上，崇尚礼法，考核战功；其次，推崇利禄，贵重气节；最下，看重功绩，贱视气节：此乃强弱之常情也。喜好贤士者强，不好贤士者弱；爱民者强，不爱民者弱；政令可信者强，政令不可信者弱；百姓齐心者强，百姓离德者弱；有功重赏者强，有功轻赏者弱；刑罚威重者强，刑罚轻侮者弱；军器铠甲精良坚利、完备便利者强，军器铠甲粗糙劣钝、短缺不便者弱；慎重用兵者强，轻率用兵者弱；兵权集中者强，兵权分散者弱：此乃强弱之常态也。"

顿了一顿，荀子道："当今天下，强弱相较，齐之技击，不若魏之武卒；魏之武卒，不若秦之锐士。"

赵王点首道："先生请讲，寡人愿闻其详。"

荀子道："齐人崇尚技击，规定斩获敌人一颗人头者，可得赏赐八两金，但不会依据战争胜负另行奖赏。如此一来，若战事较小、敌方较弱，则勉强可行；若战事较大、敌人强大，则己方涣散逃离，如鸟兽散，往往覆军杀将，败亡可待矣。此所谓亡国之兵耳，实乃最弱之兵，与从市场上雇佣人去作战几无分别。

"魏国的武卒则不然，其选取武卒的标准是：身上穿好上下相连的三副铠甲，拿着拉力达十二石的强弓，背着装有五十支箭的箭囊，肩扛长戈，头戴铁盔，腰悬利剑，带上三日的粮食，半天之内要跑一百里路。考核合格就免除他家的徭役和赋税，即便将来年老力衰，也不剥夺以上待遇，重新选取了武卒也不改对他们的周济。因此魏地虽广大，其税收却必定寡少。此所谓危国之兵也。

"秦国百姓谋生之道狭隘、生活困窘，但其役使民众手段酷烈，用权势威逼他们，以穷困遏制他们，用奖赏引诱他们，以刑罚胁迫他们，使得所有百姓若想求取利禄于君上，除了参军作战别无它途。把百姓逼入穷途，战胜而后记功，奖赏随战功而增长，斩获五个敌方甲士之首便可役使五户人家。秦国因此而成为列国中强盛最持久者，并且田地众多可供征税，故而自秦孝公以来四世常胜，这绝非侥幸，而是有必然性的。

"因此，齐国之技击，不可以抵挡魏国的武卒；魏国之武卒，无法抵抗秦国之锐士；而秦国之锐士，不能够对付齐桓公、晋文公那样纪律严整之军队；齐桓公、晋文公纪律严整的军队，又难以与商汤、周武的仁义之师相匹敌。诸侯之兵如果遇到这样的仁义之师，即与以卵击石无异。齐、魏、秦等国都不过是追求利禄奖赏之兵，他们遵循的只是雇佣徒众出卖气力之道，并不懂得尊重君上、安守制度、极尽气节之理。诸侯之中若有谁能够以微妙之礼法训导节制兵士，必将振起而压倒所有国家！

"所以，招引募选士兵，推崇势力权诈，提倡功利，都是对士兵的欺骗；只有以礼义教化他们，才能使士兵团结一心。所以，用欺诈对付欺诈，尚有巧妙与拙劣可言；若欺诈遇到团结一心，就好比拿小刀劈砍泰山，若非天下之愚人谁会这么做呢？故而王者之用兵是不必有所试探然后行动的，商汤、周武诛杀桀、纣时，拱手揖让，指挥若定，而那些强暴之国无不赶来听命，诛杀桀、纣如同诛杀一个孤独的匹夫，所以《泰誓》说'独夫纣'，说的就是这个意思。因此，军力强大而能勠力同心，就可以横制天下；军力弱小但勠力同心，就能够治服邻国之敌。至于那些招引募选、推崇权诈、提倡功利之军，胜负也就难有定准，时强时弱，或存或亡，互有高下雌雄罢了。这就是所谓的'盗匪之兵'，君子是不会用这种军队的。

"齐之田单，楚之庄蹻，秦之卫鞅，燕之缪虮，他们都是世俗所谓善于用兵者，他们之间的巧拙强弱可能有所不同，但其用兵之道有相同之处，即都没有达到使士兵协调一心的境地，都只是寻机行诈，阴谋颠覆对方，不免带有盗匪之兵的习气。齐桓公、晋文公、楚庄王、吴王阖闾、越王勾践等，皆已能够令士兵协调一心，可以说已经登堂，但尚未入室，因为犹未抓住礼义这个根本大纲，故而只能称霸而不可称王。此即强弱之效验也。"

赵王点头赞叹道："所言甚善！"临武君仍略略有点不服气，问道："请问为将之道又当如何？"

荀子微笑着答道："智慧莫大于明断，行动莫大于无过，处事莫大于无悔，做事情至于无悔便堪称完美了，不能要求一定成功。因而制定政策号令，要严肃而权威；奖赏刑罚，要坚决而诚信；修筑军营仓库，要周密而坚固；军队的进退行止，既要谨慎而稳重，也要迅捷而快速；窥探敌情，要深潜而严密，更要参照而比对；遇敌决战，一定要依照自己清楚的情况采取行动，不可根据自己有所疑惑的情况行动：此之谓'六大战术'。为大将者，不可一心想当将帅而害怕被罢免，不可急于求胜而忘记可能会失败，不要只对内威严而轻视外敌，不能只见其利而不顾其害，凡思虑事务力求细致周详而用财行赏必须慷慨大方；此之谓'五种权衡'。将在外，君命有所不受者有三：宁可被杀也不能使军队驻扎于守备不完善之处，宁可被杀也不能让军队去攻打不可战胜的敌人，宁可被杀也不能欺骗百姓——此之谓'三大原则'。凡为将者，接受了君主的任命而统率三军，三军既已安定，各级军吏也各得其位，所有事务皆井井有条，并能做到获得君主赏识也不特别高兴，敌人绞尽脑汁也不能使之恼怒，这才是最合格的将领。为将者在战前一定要深思熟虑，并反复告诫自己要慎重，慎终如始，始终如一，这是将领最大的吉利。大凡万事之成功，必定在于敬慎；其失败，一定是由于怠慢。所以敬慎胜过怠慢则吉，怠慢胜过敬慎则亡；计谋胜过冲动则顺利，冲动胜过计谋则凶险。进攻要像防守一样持重，行军要像作战一般紧张，有了战功如同侥幸获得一样不自满。谨慎谋划而不疏忽，谨慎对待战事而不疏忽，谨慎对待军吏而不疏忽，谨慎对待士兵而不疏忽，谨慎对待敌人而不疏忽；此之谓'五不疏忽'。谨慎地根据这六大战术、五种权衡、三大原则行事，并辅之以敬慎而不疏忽的态度，此之谓天下之将，就能够用兵如神了。"

临武君两手扶着几案，道："说得好！都说儒者不谈军旅之事，想不到荀卿竟精通此道。敢问王者之军的制度如何？"

荀子道："为将者宁死不绝鼓声，驾车者宁死不舍马缰，军吏宁死而尽忠职守，兵士宁死不乱行列。听到鼓声务必进攻，听见鸣金一定撤退，听从号令是第一位的，获得战功还在其次。军令不许进而进，与不许退而退同罪。不许杀害年老体弱者，不许践踏庄稼，对降服者不擒拿，对抵抗者不放过，对投奔归顺者不可当囚俘。凡有所诛杀，并非针对其百姓，而是诛杀那些扰乱百姓者。百姓之中有捍卫这些贼人的，那就同样以贼视之。因此，顺者生，逆者亡，投奔者可免罪。当初微子启归顺于周，于是封为宋公；曹触龙负隅顽抗，于是被斩于军前，殷商降服的百姓获得了与周人同样的待遇。所以周王得到了邻近诸侯的热爱歌颂，而远方诸侯奔走亲附，无论多么偏远僻陋的国度，都甘心归附而乐于效命，四海之内如同一家，车迹所穷，无不宾服，此之谓'万民之师长'。《诗》讲：'自西自东，自南自北，无思不服。'所言即此也。王者有诛伐而无攻战，敌人据城固守者不攻，敌人拼死抵抗者不攻，敌方若上下相亲相爱则为之庆贺，对敌不屠城，不秘密偷袭，对占领之地不留兵驻守，军队出征不超过约定的时限。对于王者之政，混乱国家的百姓是喜欢的，他们不安心于其君上，故而盼望王者之师的征讨。"

临武君欠身拜手道："先生高论，在下闻之，如拨云见日，佩服！佩服！"

回到家中，陈嚣面露不解地问道："敢问先生，嚣常以为君子不好辩，先生何以与临武君议兵呢？"

荀子笑了笑，道："君子何故不好辩？君子必辩！凡是人，无不喜欢说自己认为好的事物，君子更是如此。因此，小人所辩无非险恶之言，而君子所辩乃仁义之言。若所言为仁义，辩说当然要胜过沉默了。"

陈嚣接着问道："先生议兵，常以仁义为本。仁者爱人，义者要遵循道理，那么又何必重视军队呢？要知道，军队的存在，莫不是为了争夺的。"

荀子闻言，轻轻摇了摇头，道："其中的道理看来你还没有明白。既然讲仁者爱人，爱人故而不愿见到有人来害之；义者要遵循道理，遵循道理所以不愿见到有人来乱之。军队，就是用以禁暴除害的，并非为了争夺。因此仁者之兵，其所驻守之地无不国泰民安，其所经过之处无不接受教化，就如天降及时雨，无人不喜好。所以尧伐骧兜，舜伐有苗，禹伐共工，汤伐有夏，文王伐崇，武王伐纣，这四帝二王，都是以仁义之兵平定天下的。故而远近亲慕，兵不血刃，皆来归附，道德之盛，四方从化。《诗》言：'淑人君子，其仪不忒。其仪不忒，正是四国。'说的就是这个道理。"

李斯向前，问道："斯有所不明，请教先生。秦四世常胜，兵力强于海内，威势行于列国，然而其所仰赖者并非仁义，而是便宜行事。敢问是何缘故呢？"自去过秦国之后，李斯对秦国奉行的以法治国之道钦羡不已，言谈之间时时流露出来，今见荀子议兵而言仁义，故发此问。

荀子脸上略有愠色，道："此中的道理你是不会明白的。你所谓便宜行事，实非真正的便利；我所说的仁义，才是极其便利之便。仁义，可令政治修明。政治修明，则百姓亲附君上，乃至甘愿为之献出生命。所以我说过，一切皆在君王，将帅乃是末事。秦虽然四世常胜，却整天提心吊胆，常恐天下合纵而攻打自己，此乃所谓末世之兵，乃无仁义作为根本纲领之故。所以说，商汤之所以能流放夏桀，并不在他把夏桀放逐到鸣条之时；武王之所以能诛杀殷纣，也不在甲子日早晨牧野之战时。他们都是平素修明政教，即所谓仁义之师也。现在你不从根本上去寻求原因，而只在细枝末节上探索，此乃取乱之道也！”

李斯不敢再说什么，拱手低头，抬眼偷偷看了看荀子，慢慢退了出去，转身离开。

荀子望着已经走远的李斯的背影，手捻须髯，叹道：“败吾道，乱天下者，必此子也！”

再令兰陵

　　虽然赵王欣赏荀子的言谈雄辩，就如平原君欣赏公孙龙的言谈雄辩一样，但要让他照荀子说的去做，却是难之又难。一则他并不信奉荀子提倡的儒家学说，当此之时，由于秦国商鞅变法的极大成功，富国强兵，所向披靡，其效验无疑极大地提高了法家学说的吸引力，而儒家自孔子、孟子便被视为迂阔而不切实际，即便荀子已经在竭力纠正这一点，短时间内也是难以扭转人们的印象的；二则更重要的是，当时的情势变化让赵王无暇建设所谓仁义之师，因为秦军已经在逼近了。

　　赵孝成王四年（前262），秦军攻占韩之野王，切断了上党郡与韩国统治中心的联系，上党军民不愿投降暴秦，于是郡守冯亭献上党郡十七城与赵。赵王与群臣商议，平阳君赵豹以为此乃无故之利，是冯亭欲嫁祸于赵；平原君赵胜与大臣赵禹则认为不用一兵一卒即得到十七城，乃大利。赵王便派平原君赴上党，接受了上党郡，对原上党大小官吏进行封赏，仍命冯亭任郡守，并派廉颇率军驻守长平，以防备秦军进攻。

秦王闻讯大怒，经过充分的准备，于两年后（前260）派左庶长王龁率大军伐赵，与廉颇对阵于长平。最初，赵军作战不利，但并未伤及根本，于是廉颇深沟高垒以固守，欲拖垮秦军。谁知近年来赵国连年灾荒，庄稼歉收，战事拖了一年多，军粮眼见不济，这未免令赵王及众臣十分心焦。秦人以反间之计，使赵王撤下拒不出战的廉颇，换上了年轻好战的赵括，而秦王也偷偷将秦军将帅由王龁换成了名将白起。

于是惨烈的长平之战有了结局，赵国四十万大军被坑杀，赵国之青年男性所剩无几了。紧接着，秦军进围邯郸，幸而魏公子信陵君无忌窃符救赵，加上平原君率领门客毛遂等赴楚请救，春申君便派遣将军景阳领兵来救。为答谢楚国，赵王以灵丘封赐给了春申君作为食邑。有了楚、魏派兵，方解了邯郸之围，此时已经是赵王改元后的第九年（前257）了。

又过了一年，秦攻取了韩国的阳城、负黍。此二地在洛阳东偏南一百五十余里，秦占领之后，便在形势上包围了周地。西周君十分恐惧，于是与诸侯合纵反秦，秦王震怒，派将军摎领兵灭了西周公国，周天子也一命归天，周朝便这样结束了。可怜的是，周天子这个名义上的天下共主，其灭亡竟然没有在列国间引起哪怕一丝波澜。荀子得知消息后也只轻轻地感叹而已，他虽主张效法周朝，然而并非当下的周天子，而是文、武、周公，先师孔子又何尝不是如此呢？

就在长平之战前一年，楚国趁秦与韩、赵等国混战之机，发兵攻打鲁国。而在秦灭周的同一年，楚便最终伐灭了鲁国。所谓"周礼在鲁"，鲁已亡，周礼又何在呢？荀子眼望苍穹，久久不能释怀。

连年战乱似乎永无休止，赵国与燕、秦之间仍时有战事发生。这些年，荀子虽被赵王尊为上卿，但并不任职，除了在家中授徒，偶或与信陵君、平原君等相谈论，此外很重要的一件事便是向虞卿系统学习了《左氏春秋》。《左氏春秋》是由吴起传至楚国的，虞卿则是学自楚人铎椒。荀子居赵数岁，其间学问切磋，与虞卿交往甚多，最大的收获，便是习得了《左氏春秋》。

忽一日，有楚国使臣送来一封春申君的书信并一小樽酒，荀子见了，拈髯而笑。展信看时，上面写道：

孟春丁卯，故友歇拜问荀卿先生：自咸阳晤别，倏忽已近十年，先生可无恙乎？前者秦、赵长平之役，惨绝人寰；秦军围邯郸，歇心中尤所挂念者，先生也。邯郸之围虽解，而长平战后，赵之不竞，先生已知之矣。常忆咸阳之时，歇语先生，倘不如意，便来相就。楚虽残破，歇虽驽钝，犹有以奉先生者。随书奉上春醪一樽，以祛劳乏，以解烦忧。歇已备下美酒十瓮，不知先生愿共饮否？

荀子读罢，哈哈大笑，对一旁的陈嚣道："春申君召我，岂为饮酒不成？静极思动，我将赴楚矣。"

荀子此次赴楚，心中的打算，的确不仅是为了饮酒，他是想切切实实地做一番事情。这个打算，在去秦国时就已经有了，只是在赵国并不能获得真正的信用，也就没有机会。春申君的来信，也使他想起在秦国时对黄歇说过的话，哪怕有一城一县，让他有用武之地，也算不负所学了。所以，这次到楚国，荀子的目的，就是向春申君要一块"实验田"，来实践他的平生所学。

荀子再次离开了故乡。

到达楚都陈郢时已是楚考烈王八年（前255）的初夏。熏风怡人，与春申君的会面，也如熏风一般和煦。荀子表明了来意，春申君略加思索，便决定把靠近齐国的兰陵县交给荀子治理。兰陵乃六年前楚国攻打鲁国时所夺得，离齐亦较近，而此前亦曾先后为吴、越所有，民人杂处，其风剽悍，若能以荀子之贤德教化之，岂非楚与荀卿各得其所？

春申君黄歇也不瞒荀子，向他解释了请他任兰陵令的想法，荀子很高兴地接受了。辞别春申君，荀子带着数名弟子赶赴兰陵。

离了陈郢，师徒一行迤逦往东北而行。这一日傍晚，行至离苦县不远处一处村邑，正值麦熟时节，夕阳下，暖风吹拂，田间麦浪滚滚，真如金色的波涛一般。见此美景，荀子便命弟子在庄上寻了一户人家，权住一宿，明日再走。

农户听说荀子是春申君请来的先生，去往兰陵县任县公的，都十分热情，招待他们吃晚饭，端上一壶农家自酿的酒请荀子等人饮用。正吃酒间，忽闻不远处阵阵喧哗，甚是热闹，荀子便对弟子们道："你们整日读书习礼，却不曾见得这农家之乐，走，咱们瞧瞧去！"

众人循声来至一处场子，原来是庄上的麦场，麦场中间已经堆了数堆收割的麦穗，白天晾晒，晚上堆起以防露水打湿。场子旁边点了一堆火，一群孩子围着，一个二十来岁的后生手里握着一把麦穗在火上烤着，嘴里嚷道："马上烤熟了！不要抢！不要抢！人人有份！"大概已经烤过几把了，所有孩子嘴巴和两只小手都黑乎乎的，有的孩子正在手里搓着烤熟的麦粒，有的已经吃完了，正眼巴巴地

荀子受到百姓的热情招待

盯着火上的麦穗，一副伸手欲抢的样子，嘴里喊着："给我！该给我了！"

麦场中央宽阔点的地方，则围成了一个圆圈，人们或坐或蹲，也有的站着，圆圈中央是一位瞽目的老者，须发花白，双手握着一件半人多高的竹筒，一下一下杵着地面，同时发出沙啦沙啦的声响，似乎竹筒中装着沙石之类的东西。伴着杵地的节拍，老者以略带沙哑的苍老嗓音高声唱着：

请成相，道圣王，尧、舜尚贤身辞让，许由、善卷，重义轻利行显明。

……

舜授禹，以天下，尚得推贤不失序。外不避仇，内不阿亲贤者予。

……

禹傅土，平天下，躬亲为民行劳苦。得益、皋陶、横革、直成为辅。

……

天乙汤，论举当，身让卞随举牟光。道古贤圣基必张。

……

周幽、厉，所以败，不听规谏忠是害。嗟我何人，独不遇时当乱世！

围听的众人，虽然对老者所唱有点不甚了了，然而都为他浑厚沧桑的声音所震撼，莫不为之鼓掌叫好。

荀子拱手问道："老丈所歌，皆古来帝王圣贤之大道，或昏君乱臣之鉴戒，甚有理，极有味。敢问此歌何名？"

老者听有人问自己，忙言道："此乃山野村民春粮时所歌，以歌声助力，以舂为节拍，歌辞随人所好，并无定准，故名'成相杂辞'。"

荀子道："当年孔子如果听到别人歌声好听，一定会请人再唱，然后跟着学唱。可否烦请老丈再唱两遍，我等愿学。"

众人也纷纷道："对！老人家唱得真好，我等愿学！"

老者也来了兴致，连连道："好！难得大伙儿有兴趣，那小老儿就献丑了！"

请成相，道圣王，尧舜尚贤身辞让……

于是，本应宁静的夏日乡村的夜空中飘荡着朗朗的歌声，传出好远。

兰陵北部是一些小山丘，离城邑最近的一座丘陵上甚多兰花，春夏之际石旁树下，这里一丛，那里几株，开得煞是好看，故得名"兰陵"。兰陵城东南不远是沂水，西南不远是泗水，整个城邑以南地势较为平旷，一片沃野。兰陵城中住着大约四五万人，周围有二十几个小村邑，整个兰陵县也不过七八万人。

到兰陵之后，一连十余日，荀子每天早出晚归，到街市上了解民情民风，或到城外察看庄稼的长势、询问农人的劳作等等。这天晌午，荀子带了陈嚣等三名弟子，行至城北一处村邑，进庄一眼先望见不远处一杆酒旗随风招展，陈嚣喜道："先生，那边有个酒家，我等何不吃一盏解解乏？"荀子点头同意，师徒四人便进了酒家。

酒一上来，居然香气馥郁，一口入肚，甘冽清畅，顿觉精神为之一振。不意乡野之间竟有如此美酒，荀子叫住伙计，问道："敢问店家，你这酒唤作何名？"

伙计咧嘴笑道："实不相瞒，虽然小店酒香，远近无人不知，可是山村野店，嘿嘿，不曾取什么名字。"

荀子又看了一眼耳杯中的酒，只见金黄澄澈，与普通农家自酿的浊酒也很不一样，细闻起来，似乎有一股郁金香的味道，便向伙计道："店家，你酿酒时可用了郁金香？"

伙计道："不瞒您说，我家的酒是用后山的泉水所酿，山上长有不少郁金香，花香那般好闻，所以酿造时加了些进去。"

荀子道："果然好酒！不仅这酒香之中有郁金香的香味，且这酒色也澄黄如金，莫如就叫郁金香吧。"从此，兰陵美酒郁金香的名声便传了开去，至汉代时更成为贡酒，专供皇室饮用。

伙计谢道："多谢先生赐名。"伙计刚要离开，忽又转身问道："小店除了美酒，还有羊肉汤也是远近闻名的，几位要不要尝尝？"

陈嚣嘿嘿笑道："今日真是好口福！那就烦请

店家快快盛来吧。"

酒足饭饱之后，陈嚣问荀子道："先生连日来四处查访，敢问治理兰陵，该从何入手？"

荀子道："兰陵百姓有三短，也有三长。三短者，野、贫、乱。三长者，朴、勇、毅。野而无礼，贫而无志，乱而为盗贼，此乃兰陵民众之短处，亦是其难治处，今后治理兰陵之着力处。朴而忠信，勇而无畏，毅而能忍，此乃兰陵民众之优长，亦是治理兰陵可发扬借力处。"

李斯小心地道："既如此，赏罚分明，民自然由乱而治矣。"

荀子道："非也。赏罚虽能使兰陵表面得到治理，然而是末不是本。孔子论治，由正名始，因礼之根本在名。君臣上下无分别，必起争端，必致大乱。所以去乱致治之途，莫过于正名分而令百姓团结一心。"

陈嚣问："然则正名由何而始呢？"

荀子道："始于人伦。人伦之始，始于夫妇。所以，治理兰陵，我将从整治男女之合、夫妇之分、婚姻聘纳、送逆之礼开始。兰陵虽穷，而婚嫁之礼奢靡无度，少不知事长，下不知敬上，此风不可长。必重定婚礼，简朴其礼物使可行，隆重其仪节使可遵，然后使少知事长，使下知敬上，人伦有度，官吏知所守，风清气正，则野而无礼之病可治。"

"那么贫而无志，如何治理呢？"

"节用、富民而已。强固根本而节俭费用，则上天也不能使之贫；若根本荒废而穷奢极欲，则上天也不能使之富。节俭费用要靠遵循礼制，富民则要有相应的政策。富民之策，须减轻税收，整治关卡、集市之赋税，控制从商者数量，减轻劳役，不误农时。如此，则百姓就会富足。管子所谓'衣食足而知荣辱，仓廪实而知礼节'，礼与富相须而行，则贫而无志之病可治。"

"然则乱而为盗贼又当如何治理？"

"大凡奸邪盗贼之产生，多由在上者不贵义、不敬义所致。义，乃是用以禁止人们为非作歹的。在上者乃是下民的师表，下民之效法其上，就如响之应声，影之像形。故而在上者一定要以身作则，为民师表，重礼尚义，以教化下民，若仍有作奸犯科者，则依法治之。就兰陵而言，时下因贫而乱，因野而盗，勇而无畏，猖狂已甚，故可在县城及各村邑成立巡查队，由县尉统领，日夜巡视，使民知戒畏。待民富而知礼之后，盗贼自会消失，夜不闭户，路不拾遗亦可期待矣。"

果然，荀子在兰陵治理了不满一年，民风为之一新；三年，则粮食丰足，礼乐彬彬，真个是路不拾遗了。而在治民理政的过程中，诸弟子也切切实实得到了锻炼，增长了能力。

兰陵的大治让春申君也觉得脸面增光，便命楚国各地皆效法兰陵，于是楚国颇有复兴之象。

即便楚国形势有所转机，李斯仍然觉得楚王及春申君是没有希望的，秦国才是天下一统的主导者。跟随荀子二十余年，李斯自以为已经学得帝王之术，便来向荀子辞行："当今列国争雄，正是游说之士树立功名之秋。一个人若身处卑贱之位却无所作为，与禽兽何异？徒具人形而已。所以说最可耻者莫大于卑贱，最可悲者莫过于穷困。如果久在卑贱之位、穷困之地，却只知道讥讽当世而不言功利，以无为为高，这是不符合一个士人的真实想法的。斯听说机不可失、时不再来，当今唯秦有称帝而治之心，亦有吞并列国之力，所以我要去秦国游说，施展斯这些年来追随先生之所学。"

荀子看了看李斯，正色道："你去吧。但愿你正言以行，不可阿谀奉迎；遵行礼义正道，时刻以天下苍生为念，切忌违心苟为。"

李斯赴秦之年正是秦庄襄王三年（前247），吕不韦任相邦，正命蒙骜率军竭力攻打魏、赵，魏信陵君无忌组织了燕、赵、韩、楚、魏五国之兵击秦，终于杀败蒙骜，把秦军赶回了河外。就在这年五月丙午，秦王子楚卒，其子政继位，就是后来的秦始皇。李斯到秦国时恰好秦王政刚即位，然而秦王仅是个十二三岁的孩子，大权在相邦吕不韦手中，于是李斯便投在吕不韦门下做了他的舍人。

虽然秦国一时被五国之兵击退，但远未伤及元气，所以很快组织反击。秦人忌惮信陵君的威名，于是行反间之计，买通了被信陵君窃符救赵时杀死的晋鄙之门客，散布信陵君要取代魏王的谣言，于是魏王派人代替信陵君为将。信陵君被废，秦人便无所忌惮了。在秦王政二年至五年（前245至前

242）四年时间里，秦国攻下了三晋韩、赵、魏数十座城池，一时间白骨千里，哀鸿遍野。

诸国十分担心秦国无休止的攻伐，还是决定合纵抗秦。三晋已然被秦军打得几乎没了还手之力，楚国自然被推为纵长，主事者的名头也就落到了春申君的头上。

春申君对自己能够主持韩、魏、赵、卫、楚五国联军伐秦一事颇为自得，而且很快帮助赵国夺回了被秦军占领的常山之寿陵。于是五国联军浩浩荡荡杀奔函谷关。然而此时的五国联军已非昔日信陵君率领的五国联军可比，三晋已被严重削弱，卫之弱小更不足数，楚军虽有一定战斗力，却为数不多。故而秦军一出，五国之兵便被杀得大败溃逃，春申君几乎不免于难。

楚王对春申君的失败明显不满，黄歇自己也因此很是灰心，对给自己出主意的诸多门客颇有归咎之意。

于是有门客以为，必令春申君怨恨之心有所发泄，自己才可保住眼下的这份待遇。因而便趁机向春申君道："古时商汤依靠亳都，周武王依靠镐京，皆不过百里之地，最终竟取得了天下。如今荀卿乃天下之大贤，而君给他百里之兰陵，臣私以为有所不便吧？不知君意如何？"

春申君如今真的是老了，他已忘记了自己与荀子多年的交友，听了门客之言，想了一下，居然点头称是，于是派人去见荀子。

春申君的使臣见了荀子，道："春申君致意先生：汤、武皆以百里之地而终有天下，今兰陵亦百里，先生勉之矣！"并送上玉玦一枚。

荀子闻言，看着玉玦，不禁有点愕然，这显然是诀别之意。荀子良久方道："为我转告春申君，君之厚意，况知道了。况年事已高，近来身体时常染恙，不能面辞，就此归乡去了。"

于是荀子回到了邯郸，赵王仍以上卿之爵禄待之，虽衣食无忧，心境到底凄然。

这时又有门客见春申君逐走了荀卿，不免兔死狐悲，心中极是不平，于是见春申君而言道："当年伊尹离开夏朝而入殷商，于是商汤称王而夏桀灭亡；管仲离开鲁国而入齐国，于是鲁弱而齐强。贤者所在之国，其君王没有不尊贵，国家没有不繁荣的。

而今荀卿乃天下之大贤，君何故把他辞退了呢？"

春申君想了想，觉得有理，于是便派人到邯郸去请荀子。

使臣见了荀子，呈上春申君的致歉书信，信中言道：

歇不佞，顿首稽首，流涕致歉于荀卿足下：前者歇听信谗言，误疑先生，悔之无及矣。先生常言，人孰无过？过而能改，善莫大焉。望先生不以前过为念，移驾归来，庶几令歇能改过也。先生不来，是歇之过不能改，将有终生之憾。先生其忍之耶？

荀子读罢，忆及数十年来与春申君相处之种种，不禁潜然泪下。对来使道："尊使且回。为我奉告春申君：兰陵父老，念我尤多，前日送来郁金香酒两樽，今以一樽奉于君。况无才德，不堪任事于大国，惟愿还处兰陵而已。"

春申君的使臣走后，荀子夜中久久不能入睡，披衣起床，徘徊灯下，赋诗一首，道：

宝珍隋珠，不知佩兮。杂布与锦，不知异兮。闾娵子奢，莫知媒兮。嫫母求之，又甚喜之兮。以瞽为明，以聋为聪，以是为非，以吉为凶。呜呼上天，曷惟其同！

于是春申君再次派使者来迎荀子。荀子便命长子留在邯郸，带着次子随侍身边，一家老小回到兰陵，继续担任兰陵令。

授徒著书

再次见到荀卿，兰陵父老个个激动得热泪盈眶。荀子任县令的十多年，给兰陵带来的变化绝非仅仅是百姓的富足，更是整个精神境界的提升。在荀子的影响下，越来越多的兰陵人开始喜好读书，有的老者已七八十岁，也开始学着识字，真可谓"朝闻道，夕死可矣"。

荀子此次来兰陵，目的也与上次有别，他不再想着如何实验、推进自己的王道理想，而是想教诲更多弟子，把自孔子、子弓等古圣先贤传下来的大道传承下去，发扬光大。荀子把自己的想法说给跟随自己的几个弟子听，他们都极赞同，于是把先生的意思传扬了出去，希望有更多的有志之士前来受业听教。

虽然远不及先师仲尼的弟子三千，但慕名前来向荀子学习的士子也日益多了起来，渐渐有数百人之众了。

荀子重任兰陵令大约三年之后，年老昏聩的春申君竟然被李园埋伏的刺客杀死了。

事情是这样的。春申君合纵伐秦的失败令楚王日渐不满，这让春申君心中平添了许多忧愁。由于楚王即位二十多年，却始终未有子嗣，所以春申君希望找寻一些宜于生育的美女进献楚王，或许这样便可稍稍弥补君臣之间的裂痕。虽进献了不少女子，却没有一个生儿子的。此时，一个叫李园的赵国人出现了，他投靠春申君做了其门客。一次，李园告假回家，却故意回来晚了，春申君便询问缘故。

李园神秘兮兮地道："齐王派了使臣来求娶舍妹，在下与齐使饮酒，故而来迟了。"

春申君闻听眼前一亮，凑近李园问道："可曾下了聘礼？"

李园道："还不曾下得聘礼。"

春申君道："可否领令妹前来让我一看？"

于是李园便把妹妹领了来，并买通了相者，告诉春申君此女乃大贵之相，宜生贵子。春申君便把李园的妹妹留在了自己身边，过不多久，果然怀了身孕。李园教自己的妹妹向春申君吹枕边风，道："君在楚国，人臣无二，大王对您的信任便是亲兄弟也有所不及。可是，您是否想过，大王既无子嗣，将来必传位于兄弟，君任令尹二十余年，大王的这些兄弟皆在您之下，一旦他们继位，您还能保此富贵吗？如今妾已身怀六甲，可此事还没有人知道。妾在您身边时间不长，若您将我进献给大王，大王定会宠幸于我。妾若赖天之灵生个男孩，那么将来的楚王就是您的儿子，楚国皆君所有，您还有什么好担忧的呢？"

春申君越听越觉得有理，于是将李园之妹进献给了楚王。她果然深得楚王宠幸，并且生了儿子。于是楚王大喜，将此子立为太子，并封李园之妹为王后。李园自然也深受器重，开始参与朝政。

李园很是担心春申君会泄露自己这个秘密，暗中豢养了刺客，想杀春申君以灭口，国人知道此事的不在少数。

在春申君为令尹的第二十五年（前238），楚王病危，李园更是加紧了刺杀春申君的计划。门客朱英也知道了此事，便对春申君道："世间有不期而至之福，亦有不期而至之祸。君处此无常之世，侍奉无常之主，岂可无不期而至之人乎？"

春申君听了这莫名其妙的话简直想笑，他见朱英一副认真的表情，勉强忍住，问道："何谓'不期而至之福'？"

朱英答道："君为令尹二十余年，名为楚相，实为楚王。而今楚王病危，君将辅佐幼主，便如伊尹、周公之辅政，南面而行王权，岂非不期而至之福乎？"

春申君又问："然则何谓'不期而至之祸'？"

朱英道："李园不能掌权定会视君为仇敌，他也不是将领却早已暗中豢养了许多死士。据英之见，一旦楚王驾崩，李园定会抢先入宫夺权，并准备杀君灭口！此即'不期而至之祸'也。"

春申君面露不悦，道："'不期而至之人'又何谓也？"

朱英道："君任命我为郎中，李园入宫，我便为君先杀之。此即'不期而至之人'也。"

春申君不以为然地摇了摇头，道："先生多虑了。李园乃一懦弱之人，在下也算待他不薄。再说，又何至于此呢？"

朱英见春申君这样讲，知道他听不进劝告，怕祸患殃及其身，便赶紧逃走了。

十七天后，楚王驾崩，李园果如朱英所言，抢先入宫，并在棘门埋伏下刺客。春申君一进棘门，刺客便从两旁冲出，刺杀了他。

春申君的死令荀子十分痛心，念及数十年来的交往，虽然其间有过些许嫌隙，但相互之间的信任和友情是永远无法忘怀的，多少次的促膝夜谈，多少次的把酒言欢！如今已近耄耋之年，这位知己竟遭不测，岂能不令人肝肠寸断！

好在因为荀子崇高的声誉以及兰陵父老的拥护，李园没有迫害荀子，但作为春申君聘请的人，荀子自然无法再任兰陵令。此时荀子已是七十七岁的老人，不愿再回赵国，便在兰陵住了下来，安心授徒讲学。

荀子晚年主要致力于和弟子一起整理自己的学说，写成三十余篇文章，流传后世，影响深远。其经过西汉刘向的整理校对后，便是我们今天看到的《荀子》三十二篇。其实，荀子的著作在他生前已经传遍列国，影响甚大。秦相吕不韦见荀子著书流布天下，认为以秦之强，自己门客三千而无著述，甚是可耻，于是组织门客写成《吕氏春秋》。

荀子晚年的另一贡献便是教授了许多弟子，对于儒家经典的传承，功莫大焉。

荀子晚年的弟子中，有一人名浮丘令之（有的古书名之为包丘子、鲍白令之），齐国人，字伯。他拜师时二十几岁，身材高大魁梧，面色黝黑，木讷少言，然而言则必中，往往一语破的，且其为人耿直敢言，即使对荀子的话也从不盲从，而是常常提出自己的看法。很快，荀子便注意到了这名弟子，并特意加以培养，指点他有计划地读了许多书。

浮丘令之所学甚广，尤长于《诗》，后来曾在秦始皇朝中任过博士。有一次，秦始皇吞并天下之后，志得意满，于是召集群臣，问道："朕听说古时五帝禅位于贤者，但三代之王位却世袭，尔等以为何者为上？我将效法之。"

当时博士官七十余人，无人敢应声，只有浮丘令之上前回答道："天下为公，那么让贤为上；若天下为家，则世袭为上。所以五帝是以天下为公的，三王是以天下为家的。"

秦始皇仰天叹道："我道德高出五帝之上，当然要以天下为公了。那么谁可以做我的继承者呢？"

浮丘令之仰面正色回答道："陛下所作所为，乃夏桀、商纣之道，反而要学五帝，行禅让之事，臣以为这根本不是陛下所能做到的。"

浮丘令之的话使得秦始皇勃然大怒，吼道："住口！令之好大的胆子！你来说说，为何说朕所作所为是夏桀、商纣之道？快点儿讲！不然就赐死！"

浮丘令之不慌不忙，义正词严地答道："陛下请听臣言。陛下修筑的高台直冲云霄，建成的宫殿一座就占据方圆五里之地，铸造的铜钟有千石之重，而挂钟的架子更重达万石；陛下的后宫妇女以百数，倡优上千人；兴建的离宫别馆，自骊山直达雍都，绵延不绝数百里。陛下用以奉养自己的财物，已耗尽天下，枯竭民力，尤以为不足，自私自利而不愿惠及百姓！陛下真乃营营自私、天下独一之主也，如何能与五帝相提并论？德行如此，还想以天下为公吗？"

秦始皇听了，默然无言，低下了头。过了好久，才说道："令之之言，竟然当众让我难堪！"于是不再讨论，打消了禅让之意。

由此可见，浮丘令之德行高尚，正直敢言，然而有小人乘机说了他不少坏话。他见群小当道，皇帝暴虐昏聩，便辞官归隐于乡间了。即使蓬户瓮牖，每日里以麻籽为食，以藜藿为羹，浮丘伯也安之若素，甘之如饴，其安贫乐道的高风亮节直至汉代仍为人所称道。

浮丘伯与荀子一样，也以授业解惑、传承经典为职志。他长于《诗》，以《诗》教授生徒，鲁人穆生、白生、申培及汉高祖刘邦的弟弟刘交等四人同在浮丘伯门下，十分友善。四人尚未完成全部《诗》的学习便已天下大乱，陈胜、吴广揭竿而起，引发了推翻秦朝统治的大起义，随后又经历五年的楚汉战争，总算安定下来。

汉朝建立后，刘邦封弟弟刘交为楚王，刘交听说浮丘伯在长安，便召来穆生、白生、申培等，命自己的太子刘郢客陪同三位同门挚友前往长安继续跟浮丘伯学习《诗》，终于把整部《诗》学完了。

浮丘伯的几位弟子之中，申培学问最好，汉高祖刘邦经过曲阜祭拜孔子，他曾陪同浮丘伯在鲁南宫朝见汉高祖。申培把《诗》之学发扬光大，是汉初四家《诗》学——齐、鲁、韩、毛——之一的鲁诗，他也因此被尊称为申公。申公的弟子为博士者就有十余人，做各种官的更是以百数，其中就有不少兰陵人。除了《诗》，申培还从浮丘伯那里继承了《穀梁春秋》之学，也都后继有人。楚王刘交也以《诗》于其家中世代相传授，因刘交死后谥号为"元"，所以他传的《诗》号称"元王诗"。

荀子在晚年还教有一名小弟子张苍。当时荀子已八十来岁，张苍大约二十岁，阳武（今河南原阳县东南）人，生得白胖高大，前来拜师。张苍很有股子憨劲儿，认准了的事情是绝不肯放弃的，有时连荀子也拿他没办法，但他憨直认真的可爱模样倒也深得荀子喜爱。

张苍不好动，却十分好学，各种书籍无所不读，尤长于律历之学，精通阴阳术数，汉初的律历皆是张苍所定。荀子因材施教，根据张苍的特长，把《左氏春秋》传给了他。《左氏春秋》在汉初虽不兴盛，但其流传张苍是有功的，他传给了贾谊，辗转相传至西汉后期，才渐渐发扬光大。

后来张苍在秦朝做过柱下史，见天下将乱，便回到了阳武。汉高祖刘邦率军经过阳武时，张苍即追随了刘邦，立下不少战功，被封为北平侯。到汉文帝时，张苍被拜为丞相，对于文景之治的盛世，也是颇有贡献的。张苍为丞相十余年后，有位鲁国人公孙臣上书皇帝，说汉朝应土德之瑞，当有黄龙现世，须改正朔服色制度。汉文帝对此很是相信，让张苍等大臣讨论此事。张苍坚持认为汉朝是水德，否定了公孙臣的说法。谁知第二年，有人报告成纪一地发现了黄龙。这正迎合了文帝好大喜功的心理，便下令命公孙臣为博士，主持改革制度以应土德之事。张苍还是坚持自己的意见，于是愤而告病辞官，回家颐养晚年去了，到他死时已一百多岁。

荀子的弟子中最显达的应该数李斯，然而荀子对李斯并不满意。李斯到秦国后，先是投靠吕不韦做了其门客，后来秦王政平定嫪毐之乱当政，下令把列国游士全部驱逐出境，这便是逐客令。李斯给秦王政上书，即历史上有名的《谏逐客书》劝止逐客。当秦王看到李斯的《谏逐客书》时，极为震动，立刻下令废止逐客令，并命人追回李斯。当时李斯已经在离开秦国的路上，行至骊山时被追还。从此，他紧紧追随秦王，并极受信用。他给秦王出主意，以重金离间六国的君臣，消泯他们反抗秦军的意志，秦于是得以较为顺利地将六国各个击破，并最终统一了天下。秦一统天下之后，李斯任廷尉，反对封建制，而推行郡县制。

大约在秦始皇二十八年（前219），李斯被任命为丞相。消息传至兰陵，时已九十六岁高龄的荀子听说后，陷入深深的绝望，预感到天下读书人的灾难就要降临了。秦的统一本应是战乱的结束、和平的开启，可是在荀子看来，九州动荡，生灵涂炭的日子不知还要多久才能结束。因为他深知李斯之为人，残酷寡恩，阴毒刻薄，而且怀禄恋权，所以李斯的地位越高，其造成的灾难便会越大。荀子越想越气恼，竟为此一连数日没有吃好饭。

大约在李斯任丞相之后不久，一代儒宗，大师荀况便与世长辞了。

果然，后来（前213），秦始皇听信李斯之言而焚书坑儒，给中国的文化事业造成了不可估量的毁坏。再后来，他与赵高合谋杀死秦始皇长子扶苏，拥立二世胡亥，但最终在秦朝内部斗争中为赵高所杀害。然而，秦末的动荡，不能不说与李斯关系甚大，也证明了荀子的担忧是不无道理的。

荀子死后，他的子孙与弟子遵其遗愿，将他安葬在了兰陵，荀子墓就位于今天山东省临沂市兰陵县兰陵镇东南三里处。荀子两次担任兰陵令，终老于兰陵，并埋葬在兰陵。他热爱这片土地，兰陵的人民也热爱荀子，直到汉代，兰陵人还有不少以"卿"为字，足见他们是多么热爱、怀念荀卿了。荀卿最后居住、教学的村庄被命名为"孙庄"（因荀卿又被称作孙卿之故）。在荀子影响之下，兰陵人酷爱读书者极多，汉代以后，名家辈出，学者如西汉的疏广、疏受，孟氏《易》学的开创者孟喜，曹魏的缪袭，西晋的束皙等；名臣如受汉宣帝遗诏辅政的太子太傅萧望之，汉元帝、成帝时的丞相匡衡，东汉光武帝时谏议大夫王良等。

当然，由于荀子主张"人性恶"，并具有法家倾向，发表过批判孟子的言论等缘故，自来对荀子的评价也仁智互见。然而，荀子在乱世之中秉持坚定的信念，不断地学习，提升自我，并努力把古圣先贤积累的思想文化传承下去，教育弟子，施惠百姓；他对诸子百家的批判吸收，对列国强弱的分析比较，对治国用兵的独到见解，无不闪烁着智慧的光芒，永远照耀着后人前进的方向。

荀 子
生平简表

● ◎周赧王元年、赵武灵王十二年（前314）

___

荀子约于此年出生于赵国，名况。

● ◎周赧王十五年、齐湣王元年（前300）

___

荀子十五岁，约于此年游学于齐之稷下学宫。

● ◎周赧王二十九年、齐湣王十五年（前286）

___

荀子二十九岁。齐灭宋。灭宋前后，稷下学者因齐统治昏乱，纷纷离去，慎到、接子不知所踪，田骈逃至薛邑，而荀子去齐适楚。荀子劝谏齐相，大约在此前不久。

● ◎ 周赧王三十六年、齐襄王五年（前279）

─────────────────────────────────

荀子三十六岁。田单收复被燕国占领的齐国故城，齐襄王返

回临淄，重建稷下学宫，复修列大夫之缺，荀子重返稷下。

此时至齐襄王去世（前265），是稷下学宫最后的辉煌，荀子

"最为老师"，曾"三为祭酒"，担任学宫的领袖。

● ◎ 周赧王五十一年、齐王建元年、秦昭襄王四十三年

（前264）

─────────────────────────────────

荀子五十一岁。齐人谗害荀子，荀子约于此年入秦，与秦昭

襄王论儒者之益，并与秦相应侯范雎交谈。

● ◎ 周赧王五十三年、赵孝成王四年、楚考烈王元年（前262）

荀子五十三岁。去岁楚顷襄王病逝，黄歇令太子完乔妆改扮

逃回楚国继位，是为考烈王；考烈王继位后，封黄歇为春申

君，任以为令尹。秦攻占韩之野王，切断了上党郡与韩国统

治中心的联系，郡守冯亭献上党郡于赵，秦王大怒，由此引

发了长平之战。荀子与临武君议兵于赵孝成王前约在是年

之前。

●◎楚考烈王八年（前255）

荀子六十岁。荀子受楚令尹春申君所聘，为兰陵令。

●◎楚考烈王二十二年（前241）

荀子七十四岁。楚为纵长，春申君主持伐秦，兵败而归咎诸客。春申君信谗罢荀子兰陵令，又因门客进言，向荀子谢罪而请他回来，荀子复为兰陵令。

●◎楚考烈王二十五年（前238）

荀子七十七岁。春申君死，荀子废，居兰陵，授徒著书。

●◎秦始皇二十八年（前219）

荀子九十六岁。李斯为卿，其任相当在此后不久。荀子听闻李斯相秦，为之绝食。荀子卒亦当在此后不久。